Roman Mensing

Lebenszeichen

Sakramente des Heils

Johannes Joachim
Kardinal Degenhardt

gewidmet

zum 50. Jahrestag seiner Priesterweihe

Lebenszeichen

Sakramente des Heils

Ein Bildband vom sakramentalen Leben

Im Auftrag des
Erzbischöflichen Generalvikariats Paderborn

herausgegeben von
Roman Mensing

BONIFATIUS

Imprimatur. Paderbornae, d. 05. m. Junii 2002
Nr. A 58-21.00.2/660. Vicarius Generalis i.V. Dr. Schmitz

Die Deutsche Bibliothek – CIP-Einheitsaufnahme

Lebenszeichen : Sakramente des Heils ; ein Bildband vom sakramentalen Leben / im Auftr. des Erzbischöflichen Generalvikariats Paderborn hrsg. von Roman Mensing. – Paderborn : Bonifatius, 2002
ISBN 3-89710-221-8

Textnachweis

Einheitsübersetzung der Heiligen Schrift.
© 1980 Katholische Bibelanstalt, Stuttgart
S. 18: Aus: Karl Rahner, Kleines Kirchenjahr, Ars sacra, München 1953, S. 15f.
S. 24: „Osterlied"; Lothar Zenetti; aus: ders., Auf Seiner Spur. Topos plus 327. © Matthias-Grünewald-Verlag, Mainz, 2. Auflage 2001, S. 156
S. 40: Aus: Karl Rahner, Grundkurs des Glaubens. © Verlag Herder, Freiburg, 9. Auflage 2001
S. 52: Aus: Gotteslob. Katholisches Gesangbuch. © Verlag Herder, Freiburg, 17. Auflage 1982
S. 72: Degenhardt, Tenhumberg, Thimme, Kirchen auf gemeinsamem Wege, 1977, S. 155f. © Verlag Butzon & Bercker, Kevelaer
S. 74: „Segne dieses Kind"; Text: Lothar Zenetti; aus: LIEDER VOM NEUEN LEBEN; Fidula-Verlag, Boppard/Rhein und Salzburg

Umschlagbilder: (vorn) Chorfenster des Paderborner Domes, Ausschnitt; (Rückseite) Schlußstein im Vierungsgewölbe des Domes

ISBN 3-89710-221-8

Gesamtherstellung:
Bonifatius GmbH Druck · Buch · Verlag Paderborn

Abbildungsnachweis

Herzog August Bibliothek, Wolfenbüttel: 13, 25, 63
Günter Heinemann, Dortmund-Brünninghausen: 15, 19, 23, 27, 37
Amt für Kirchliche Denkmalpflege Trier (Rita Heyen): 17, 21
Ansgar Hoffmann, Bad Lippspringe: 29, 45, 47 (oben), 59, 69, 71 (oben links, unten links u. rechts), 79 (oben rechts, unten links), 81 (unten rechts), 87 (Mitte, Mitte rechts, unten links), 91 (links oben u. unten, rechts oben u. Mitte), 95 (oben links u. rechts)
Heinz Bauer: 31, 47 (unten), 51, 53, 54 (rechts), 81 (oben links u. rechts, unten links), 82, 83, 84
P. Michael Hermes OSB, Königsmünster: 35
Bruno del Priore: 39
Erzbistum Paderborn, Pressestelle: 41
Wilma Mensing, Werl: 43
Foto-Studio Euler: 49, 85
Stefan Ziese, Witten: 54 (links)
Peter Hendricks, Schwiederstorf: 55
Roman A. Mensing, Bonn: 57 (unten), 71 (oben rechts)
Misereor Medienproduktion und Vertrieb, Aachen, © 2002 (Misereor-Hungertuch „Augen-Blicke des Friedens" von El Loko): 61 (Das Hungertuch und Materialien dazu können bestellt werden bei: Misereor, Postfach 1450, 52015 Aachen)
Gerd Vieler: 65, 73, 77, 80, 86, 91 (unten rechts), 93, 97, 102, 103 (Mitte rechts u. unten), 105
Roman M. Mensing, Münster: 68, 70, 76, 90, 94, 100, 104
Privat: 75, 87 (oben u. unten rechts, Mitte links), 107 (oben rechts, unten links u. rechts)
Institut für Religionsunterricht und Katechese, Paderborn: 79 (oben links, Mitte, unten rechts)
Erzbischöfliches Diözesanmuseum Paderborn: 89
Bernd Cassau, Paderborn: 95 (unten)
reichenwallner fotodesign: 99
Diözesanarchiv Paderborn: 101
Helmut Hennig, Paderborn: 103 (oben links)
Franziskanerkloster Werl: 103 (oben rechts)
Photo Art Roger und Brigitte Lortie, Werl: 107 (oben u. Mitte links)
Paderborner Künstlerlexikon (S. 261, 263): 109, 110

Inhalt

Geleitwort

Erzbistum
Paderborn

Beharrlich hat unser Erzbischof Johannes Joachim Kardinal Degenhardt immer wieder in Erinnerung gerufen, dass das eucharistische Opfer „Quelle und Höhepunkt des ganzen christlichen Lebens“ (LG 11) ist und die Liturgie der Höhepunkt ist, „dem das Tun der Kirche zustrebt, und zugleich die Quelle, aus der all ihre Kraft strömt“ (SC 10).

Die Eucharistie mit ihren eindringlichen Bildern und Zeichen steht dabei im Zentrum. Der Bildband „Lebenszeichen – Sakramente des Heils“ skizziert die sakramentale Grundlage der Kirche in den fünfzig Jahren des priesterlichen Dienstes unseres Erzbischofs.

Unsere Gegenwart ist derzeit von einer Fülle von Bildern gekennzeichnet. Häufig ist sogar von einer Bilder-Flut die Rede. Die Deutung dieser Bilder fällt angesichts der Vielfalt jedoch schwerer als in vergangenen Zeiten. Zu vieles gibt es, was auf den Menschen einstürzt; zum betrachtenden Verweilen und Deuten bleibt da keine Zeit. Hier steht die Kirche, der Gottes Wort anvertraut ist, in der Verantwortung: Ihre Aufgabe muss es sein, ihre eigenen sichtbaren Zeichen und Zeichenhandlungen so zu vollziehen, dass sie den Sehgewohnheiten der Zeit zugleich entgegenkommen und widerstehen. So können ihre Bilder in ihrer Oberfläche wahrgenommen und in ihrer Tiefe erkannt werden.

„Sacramenta propter homines“ – die Sakramente sind für die Menschen da – dieser alte theologische Grundsatz verlangt etwas, was das Zweite Vatikanische Konzil für seine Zeit angemahnt hat: eine ständige Verheutigung der Kirche. Das gilt auch für ihre traditionellen Riten, die das Heil anzeigen und zugleich vermitteln. Denn nichts darf verloren gehen von der Botschaft der Sakramente, weder durch die Oberflächlichkeit des Vollzugs noch durch Unverständlichkeit der überlieferten Formen.

Die nachlassende Sensibilität der Gesellschaft für transzendente Wirklichkeit erschwert diese nie einfache Aufgabe zusätzlich. Um so begrüßenswerter ist der vorliegende Versuch, die Botschaft der Sakramente von der Mitte des Glaubens her mit ansprechenden Bildern zu deuten und dabei den lebendigen Wandel in den Frömmigkeitsformen aufzuzeigen.

Möge dieser Band, der zum 50. Jahrestag der Priesterweihe des Erzbischofs erscheint und einen langen Zeitraum des priesterlichen Dienstes widerspiegelt, interessierte Leserinnen und Leser finden! Möge er dazu anregen, sich der empfangenen Hoffnungszeichen Gottes neu bewusst zu werden und sie im Gottesdienst und in der christlichen Lebenspraxis überzeugend weiterzutragen!

Paderborn, Pfingsten 2002

Generalvikar

Zur Einführung

In diesem Sommer, am 6. August, dem Fest der Verklärung Christi, sind es fünfzig Jahre, seit unser Erzbischof, Johannes Joachim Kardinal Degenhardt, zum Priester geweiht wurde. Fünfzig Jahre im Dienst und Auftrag der Kirche. Fast zwei Drittel dieser Zeit steht er nun nicht nur im priesterlichen, sondern auch im bischöflichen Amt seit 1974 an der Spitze der Kirche von Paderborn.

Diese fünfzig Jahre waren wie kaum eine andere Zeit Jahre tiefgreifender Veränderungen für die gesamte katholische Kirche, Veränderungen, an denen die Ortskirche in Gemeinschaft mit der Kirche von Rom intensiv teilnahm. Dreh- und Angelpunkt dieser Veränderungen war der Aufbruch, das „Aggiornamento", wie der damalige Papst Johannes XXIII. es nannte, war das von ihm einberufene Zweite Vatikanische Konzil von 1962 bis 1965. In den Konzilsversammlungen hat die Kirche ihr Selbstverständnis und ihren Auftrag in der Gegenwart bedacht und in zahlreichen Dokumenten formuliert. In der Kraft des in ihr wirkenden Geistes beschritt sie den Weg in eine neue Epoche.
Bis zur Mitte des 20. Jahrhunderts hatte sie nach den Wirren der Neuzeit vor allem auf die Bewahrung ihrer gottgegebenen Besonderheit als vollkommene Gesellschaft geachtet. Nun begann sie, auf ihren gemeinsamen Weg mit der gesamten Menschheit zu blicken und auf ihre Berufung, Stadt auf dem Berge und Zeichen des Heils zu sein, nicht nur für die ihr Zugehörenden, sondern für alle Menschen. Bis zum Konzil war ihr Trachten auf Christus, ihr Haupt, ausgerichtet und die Ordnung seines mystischen Leibes. Nun begann sie sich darauf zu besinnen, welche Sendung ihr aus dieser Wirklichkeit erwuchs, nämlich, wie Christus selbst, sichtbares Zeichen Gottes unter den Menschen zu sein, Ort der Begegnung, an dem Gottes rettende Liebe nicht nur verkündet wird, sondern sichtbar wirksam ist als Hoffnungszeichen für die Welt.

Diese geänderte Blickrichtung wirkt sich seither auch auf das innerkirchliche Gespräch aus, auf das kirchliche Leben, auf die Wahrnehmung und den Vollzug der sieben heiligen Zeichen, der Sakramente, die ihr gegeben sind, damit sie sehr anschaulich und in allen Lebensbereichen Zeichen Gottes unter den Menschen sein kann.

Durch unsere Natur als sinnliche Wesen sind wir auf diese Werk-zeug- (oder soll man besser sagen Wirk-zeug-?)Zeichen angewiesen. Den Geheimnissen des unsichtbaren Gottes, der die sichtbare Welt übersteigt (Transzendenz), können wir nur unter dem Schleier der sichtbaren Zeichen begegnen. Die unausrottbare menschliche Sehnsucht nach der Transzendenz bliebe ohne Antwort, wenn wir diese nicht hören und sehen könnten in dem, was wir mit Geist und Herz, mit Augen und Ohren wahrnehmen können. Doch gerade dies ist durch Christus ermöglicht: Der verborgene Gott hat sich offenbar gemacht in Jesus von Nazareth, seinem Sohn, unserem Herrn. Gott selbst ist in Christus zu einem menschlichen Zeichen geworden und hat unser Heil gewirkt. Das hat damals die Jünger fasziniert und Petrus veranlaßt zu sagen: „Du hast Worte des ewigen Lebens" (Joh 6,68). Mit der Himmelfahrt Jesu jedoch hörte diese sichtbare Gemeinschaft auf. Sie sollte aber nicht Episode bleiben, sondern in neuer Form weitergehen. „Was an unserem Erlöser sichtbar war, ist übergegangen in die Sakramente", schrieb in der alten Kirche Papst Leo der Große (440-461). Das Zweite Vatikanische Konzil hat diese Vorstellung aufgegriffen und gesagt: „Auferstanden von den Toten, hat er seinen lebendigmachenden Geist den Jüngern mitgeteilt und durch ihn seinen Leib, die Kirche, zum allumfassenden Heilssakrament gemacht" (LG 48). „Die Kirche ist ja in Christus gleichsam das Sakrament, das heißt Zeichen und Werkzeug für die innigste Vereinigung mit Gott wie für die Einheit der ganzen Menschheit" (LG 1). So nennen die Theologen die Kirche das „Grundsakrament", aus dem die sieben Sakramente hervorgehen. Und weil diese personale, werkzeugliche Zeichenhaftigkeit schon in der Menschwerdung Christi (Inkarnation) begonnen hat, kann man von Christus in dieser Redeweise als „Ursakrament" sprechen. Wenn man so spricht, bekommt das Wort Jesu, das er im Johannesevange-

lium zu Philippus sagt, plötzlich ein ganz neues Licht: „Wer mich sieht, hat auch den Vater gesehen" (Joh 14,9).
Das also, was Jesus getan hat, den Vater heilsam und tröstlich sichtbar zu machen in der Welt, soll durch die Kirche weitergehen. Das ist ihr geheimnisvolles Wesen, zugleich „sichtbare Versammlung und geistliche Gemeinschaft" zu sein. Dafür hat sie die sieben werkzeuglichen Zeichen, die Sakramente. Der Wasserritus der Taufe zeigt, daß es Reinigung gibt, Reinigung von Schuld, daß der Tod nicht das letzte Wort hat, sondern daß es wie das Auftauchen aus dem Taufbad ein Auferstehen aus Leid und Tod gibt. Ähnlich ist es mit den anderen Sakramenten.

Die Zusammenhänge aber reichen weiter. Wenn nämlich die Christen, wie Paulus das der Gemeinde in Korinth klarmacht, Glieder am Leib Christi sind, dann betrifft sie die Funktion der Zeichenhaftigkeit ähnlich wie Christus selbst. Das Konzil hat das auch so gesehen und gesagt. Laien, Ordensleute und Priesterschaft machen durch ihr Leben und Tun in je unterschiedlicher Weise Christus sichtbar. Zeichen des lebendigen Gottes (AA 2) nennt das Konzil die Laien. Die Ordensleute werden erinnert, daß ihr Leben „Christus sichtbar mache". In den Bischöfen und Priestern ist „inmitten der Gläubigen" Christus „anwesend"(LG 21), in den Heiligen gibt Christus „ein Zeichen seines Reiches" (LG 50).
Vor bald vierzig Jahren hat das Zweite Vatikanische Konzil diese lebendigen Bilder der sakramentalen Kirche aus der Tradition aufgegriffen und wieder in den Blick gerückt. Eine neue Dynamik ist dadurch in die Kirche gekommen. In der Liturgie und in der Sakramentenspendung sind sich die Christen seither der Zeichen mehr bewußt geworden. Zeichen müssen wahrnehmbar und verständlich sein. Darum geht es seither in der Erneuerung der Liturgie, im Kirchenbau und in der Sakramentenpastoral. Manches ist geschehen, vieles ist immer neu zu tun, damit wir mit Leib und Seele das Heil durch Christus erfahrbar machen.
Die Gegenwart achtet sehr auf das Äußerliche, auf das „Image", und Gott hat sich nicht gescheut, sich darin, im Sichtbaren, zu erkennen zu geben. Bei der Vielfalt der Möglichkeiten, denen die Menschen heute gegenüberstehen, entscheiden Verpackung und Design oftmals über die Aufmerksamkeit, die einer Sache entgegengebracht wird. Sollten die Diener Gottes da seine Zeichen unansehnlich darbieten? Die Sache ist, wenn man so will, ungeheuer aktuell.
Gewiß hat sich unser Stil seit den letzten fünfzig, sechzig Jahren geändert, nicht erst seit dem Konzil. Das goldene Priesterjubiläum unseres Erzbischofs soll uns Anlaß sein, den priesterlichen Dienst an den sakramentalen Zeichen und den Dienst aller Getauften in der Kirche von Paderborn in diesen Jahrzehnten zu betrachten und zu bedenken. Die Ortskirche nimmt teil an der Sakramentalität der Kirche, die das Konzil in den Blick gerückt hat. Wie war und wie ist dies hier bei uns sichtbar?
Davon und wie diese Kirche bei uns bis heute und in Zukunft Sakramente wirkt, soll in diesem Buch in Wort und Bild die Rede sein: Ein Dank an unseren Bischof, der uns Christus repräsentiert, Anregung, die werkzeuglichen Zeichen des Heils zu bedenken, und vielleicht Gelegenheit zur Betrachtung, Christus zu begegnen im Kirche-Sein der eigenen Gemeinde und der Nachbarn, Herausforderung auch, selbst ermutigendes Zeichen zu sein, „damit die Menschen neue Hoffnung schöpfen" (Hochgebet).

Die Christusereignisse im ersten Teil des Buches sind nacheinander in Buchmalereien aus zwei berühmten Evangeliaren aus Helmarshausen, einer mittelalterlichen Benediktinerabtei im Osten des Erzbistums Paderborn, dargestellt und einmal in modernen Kirchenfenstern von Wilhelm Buschulte in der Pfarrei Heilige Familie in Dortmund-Brünninghausen, im Westen des Erzbistums. Die Malereien der Mönche erzählen nicht nur die Heilsereignisse, sondern geben in ihren Bildern zugleich theologische Deutungen, die sie in Randfiguren und Schriftbändern erläutern. Sie greifen dabei auf biblische Vorbilder aus dem Alten Testament und auf denkwürdige Texte der antiken heidnischen Philosophie zurück, in denen sie das Christusgeschehen angedeutet finden. So werden z. B.

im Bild der Verkündigung unter der eigentlichen Szene allegorische Deutungen des Geschehens gezeigt: Die Empfängnis bedeutet, daß Friede und Gerechtigkeit einander begegnen und küssen, daß Wahrheit und Gerechtigkeit erfüllt werden. Die Begegnung zwischen Maria und Elisabeth wird dafür zum bildhaften Ausdruck. Ähnlich wird bei der Geburt Jesu auf Orakelsprüche der heidnischen Sibyllen verwiesen, die die Geburt des neuen Menschen geahnt haben. Auch die Farben haben ihre feste Bedeutung: Im Bild der Kreuzigung meint das Grün des Kreuzes den Lebensbaum, Gold und Blau sind die Farben Gottes und der Ewigkeit. Die Synagoge trägt den gelben Mantel, schon im Mittelalter die Farbe der Juden.

In anderer, aber kaum weniger theologischer Weise gehen die zeitgenössischen Künstler vor, die die Befreiung durch Christus in ihren Bildern andeuten. Die Fenster von Wilhelm Buschulte, die auf den ersten Blick vielleicht ein wenig unfertig und für manchen sogar kindlich naiv anmuten, sind in Wirklichkeit aus langer Beschäftigung mit den Themen entstanden. Sie vernachlässigen viele reale Aspekte, um die wahre Bedeutung der Geschehnisse anzudeuten, die normale menschliche Worte und Zeichen nicht angemessen fassen können. Wenn man beispielsweise bei der Himmelfahrt Jesu diesen selbst im Bild gar nicht mehr sieht, sondern nur die seine Jünger auf die Erde zurückverweisenden Engel, dann heißt das, daß dieses Geschehen über unsere sichtbare und meßbare Welt völlig hinausgeht und dem Geheimnis angehört, das Gott selbst für uns ist. Die „Mondgesichter" der Apostel sind nicht Spott oder mangelndes Können, sondern erinnern daran, daß diese Männer für die Kirche und allgemein für uns stehen. Sie wollen helfen, daß wir uns selbst angesprochen fühlen.

Einen nochmals anderen Weg gehen in der Kapelle des Ursulinenklosters in Werl die Sakramentenfenster von Egbert Lammers. Er will nicht bei den äußeren Zeichen der Sakramente stehenbleiben, nicht noch einmal zeigen, was unsere Erinnerungsfotos ohnehin recht gut festhalten; er will ins Bild bringen, was die Zeichen bewirken. Taufe hat es mit neuem Leben zu tun, für das der Adler oder der Phönix steht, hat es mit Christus zu tun, den der Fisch symbolisiert. So wollen alle diese Bilder selbst in Ruhe betrachtet werden, damit man sie als Lebenszeichen erkennen und deuten kann. Es gibt mehr Dinge zwischen Himmel und Erde, als die Technik vermitteln kann, Gott sei Dank.

Christus Ursakrament Gottes

Im Anfang war das Wort,
und das Wort war bei Gott,
und das Wort war Gott.
Im Anfang war es bei Gott.
Alles ist durch das Wort geworden,
und ohne das Wort wurde nichts,
was geworden ist.
In ihm war das Leben,
und das Leben war das Licht
der Menschen.
Und das Licht leuchtet
in der Finsternis,
und die Finsternis hat es nicht erfaßt.
Und das Wort ist Fleisch geworden
und hat unter uns gewohnt,
und wir haben seine Herrlichkeit
gesehen,
die Herrlichkeit des einzigen Sohnes
vom Vater,
voll Gnade und Wahrheit.

Joh 1,1-5.14

Für uns Menschen und zu unserem Heil
ist er vom Himmel gekommen.

deutsch

ܗܘ ܕܡܛܠܬܢ ܒܢܝܢܫܐ ܘܡܛܠ ܦܘܪܩܢܢ
ܢܚܬ ܡܢ ܫܡܝܐ.

aramäisch

Qui propter nos homines et propter nostram salutem
descendit de caelis.

lateinisch

For us and for our salvation
he came down from heaven.

englisch

Pour nous les hommes, et pour notre salut,
il descendit du ciel.

französisch

Por nosotros los hombres y por nuestra salvación
bajó del cielo.

spanisch

Per noi uomini e per la nostra salvezza
discese dal cielo.

italienisch

On to dla nas ludzi i dla
naszego zbawienia zstapil znieba.

polnisch

Za naše čovječanstvo i za naš spas
sišao je sa neba.

kroatisch

E por nós, homens, e para nossa salvação
desceu dos céus.

portugiesisch

Aus dem Credo der Messe

Empfangen durch den Heiligen Geist

Alle geschichtlichen Heilstaten Gottes gipfeln in der Menschwerdung seines Sohnes. Gott hat der Welt das Heil geschenkt in der Person und dem erlösenden Schicksal Jesu Christi, in seiner geschichtlich-leibhaftigen Erscheinung. Im Antlitz des Menschen Jesus ist die Güte und Menschenfreundlichkeit Gottes auf Erden aufgeleuchtet. Wenn „Sakrament“ bedeutet: Heilsgabe in historischer Sichtbarkeit, dann ist Jesus Christus das größte und eigentliche, das Ur-Sakrament. ...

Das fortdauernde Heilswirken Christi ist jedoch unserer Leiblichkeit entrückt. Im Gegensatz zu den ersten Jüngern erfahren wir es nicht in der Begegnung mit dem sichtbar gegenwärtigen Menschenbruder Jesus. Die Entrückung Jesu war zwar notwendig zur Vollendung des Heilswerkes – „Es ist gut für euch, daß ich hingehe, denn wenn ich nicht hingehe, wird der Beistand nicht zu euch kommen“ (Joh 16,7) –, wohl auch zur Vollendung unseres Glaubens, der ein adventlich-wartender bleiben soll bis zum Tag der Wiederkunft Christi. Doch sind uns für diese „Zwischenzeit“ Zeichen geschenkt, sakramentale Handlungen, in denen das Heilstun Christi je und je sich zeigt. Zu dem unsichtbaren Ur-Sakrament, welches Christus ist, tritt die Siebenzahl der sichtbaren, der „getrennten Sakramente“. „Was an Christus sichtbar war, ist übergegangen auf die Sakramente der Kirche“, sagt Leo der Große.

Der Mensch soll nicht nur im Glaubensakt sich dessen gewiß sein, daß Christus für ihn eintritt, sondern soll darüber hinaus gleichsam etwas in der Hand haben: das Wasser der Taufe, das Brot der Eucharistie, die spürbare Vaterhand auf dem Haupt, das hörbare, durch den Priester vermittelte Wort: „Ich spreche dich los von deinen Sünden.“ – Dies Letzte darf freilich nicht so verstanden werden, als wirkten die sacramenta separata schließlich doch wie „Dinge“ und „Automaten“ in einem objektivierten Ursache-Folge-Verhältnis. Jedes Sakrament ist Heilsgabe von Gott und Heilswirkung im Menschen, aber eben nicht als Sache verstanden, sondern als zweiseitig personale Tat, als existentielle Personbegegnung zwischen dem einzelnen Menschen – in der Heilsgemeinschaft der Kirche! – auf der einen Seite, dem verklärten Christus auf der anderen Seite und in ihm dem lebendigen Gott selber.

Johannes Joachim Kardinal Degenhardt, Liturgie in der Gemeinde Bd. 3, S. 121

Verkündigung an Maria. Evangeliar Heinrichs des Löwen aus dem Scriptorium der Abtei Helmarshausen, nach 1173. Obere Bildhälfte: Verkündigungsszene; unten links: Gerechtigkeit und Friede küssen einander, Mitte: Wahrheit und Gerechtigkeit kommen zusammen, rechts: Maria bei Elisabeth (Herzog August Bibliothek Wolfenbüttel Cod. Guelf. 110v).

„Ave Maria, gratia plena."
So grüßt' der Engel die Jungfrau Maria,
da er von dem Herrn die Botschaft bracht.

„Siehe, du sollst einen Sohn empfangen,
danach trägt Himmel und Erde Verlangen,
daß du die Mutter des Herrn sollst sein."

„Engel, sag an, wie soll das nur werden,
da ich kein'n Mann erkenne auf Erden,
in dieser Welt so weit und breit?"

„Der Heilge Geist wird über dich kommen,
gleichwie der Tau kommt über die Blumen;
also will Gott geboren sein."

Maria hört' des Höchsten Begehren.
Sie sprach: „Ich bin die Magd des Herren;
nach deinem Wort geschehe mir."

Nun wolln wir danken, preisen und loben
den Herrn im Himmel so hoch da droben,
daß er uns all erlöset hat.

Gotteslob, Text: Paderborn 1617

Verkündigung an Maria und
Maria besucht Elisabeth.
Fenster in der Pfarrkirche Heilige Familie,
Dortmund-Brünninghausen. Wilhelm Buschulte 1990.

Geboren von der Jungfrau Maria

Singen wir mit Fröhlichkeit,
loben Gott in Ewigkeit,
seinen Sohn gibt er uns heut:
Erschienen ist, den uns geborn Maria.
Nun erfüllt sich, was verkündet Gabriel.
Eja, eja, eine Jungfrau wunderbar
Gott den Heiland uns gebar
nach ewgem Rat.
Heut, ja heut erschienen ist,
erschienen ist der Christenheit
Gottes Sohn, den loben wir in Ewigkeit.

Gotteslob, Text: Kirchenlied 1938

Werde still und staune:
Gott ist Erdenkind.
Eine neue Zeit beginnt,
und der Stern singt Freude.

Werde froh und hoffe:
Gott will mit uns sein.
Alle Menschen lädt er ein
und der Stern singt Liebe.

Werde neu und liebe:
Gott will Retter sein,
uns aus Schuld und Angst befrein.
Und der Stern singt Friede.

Schwerter Liederbuch, Text: Chr. Peikert-Flaspöhler

Geburt Jesu. Buchmalerei aus dem Evangeliar von Helmarshausen, um 1180. Im oberen Bildteil stehen Sponsus und Sponsa, Braut und Bräutigam, einander gegenüber. In ihnen schenkt Gott Gerechtigkeit vom Himmel. Seine Wahrheit ersteht von der Erde (Trier, Diözesanmuseum).

IVSTICIA.DE.CELO.PSPEX.
IN CARITATE PERPE
TVA DILEXI.TE.
VERITAS.DE.TRA.ORTA.E.
OSCVLETVR.ME.
OSCVLO.ORIS.SVI.
E CELO.REX.ADVENIET.
PER SECLA FVTVRVS.

Gott ist gekommen. Er ist da. Und darum ist alles anders, als wir meinen. Die Zeit ist aus dem ewigen Weiterfließen verwandelt in ein Geschehen, das mit lautloser, eindeutiger Zielstrebigkeit auf ein ganz bestimmtes Ende hinführt, darin wir und die Welt vor dem entschleierten Antlitz Gottes stehen werden. Wenn wir sagen: Es ist Weihnacht, dann sagen wir: Gott hat sein letztes, sein tiefstes, sein schönstes Wort im fleischgewordenen Wort in die Welt hineingesagt, ein Wort, das nicht mehr rückgängig gemacht werden kann, weil es Gottes endgültige Tat, weil es Gott selbst in der Welt ist. Und dieses Wort heißt: Ich liebe dich, du Welt und du Mensch.

Das ist ein ganz unerwartetes Wort, ein ganz unwahrscheinliches Wort. Denn wie kann man dieses Wort sagen, wenn man den Menschen und die Welt und beider grauenvolle und leere Abgründe kennt. Gott aber kennt sie besser als wir. Und er hat dieses Wort doch gesagt, indem er selbst als Kreatur geboren wurde. Dieses fleischgewordene Wort der Liebe sagt, daß es eine Gemeinschaft Aug in Aug, Herz zu Herz zwischen dem ewigen Gott und uns geben soll, ja daß sie schon da ist. Dieses Wort hat Gott in der Geburt seines Sohnes gesagt. Und jetzt ist nur mehr eine kleine Weile eine lautlose Stille in der Welt, und aller Lärm, den man stolz die Weltgeschichte oder das eigene Leben nennt, ist nur die List der ewigen Liebe, die eine freie Antwort des Menschen ermöglichen will auf ihr letztes Wort.

In diesem langen, kurzen Augenblick des Schweigens Gottes, der die Geschichte post Christum natum heißt, soll der Mensch in dieser Welt noch einmal zu Wort kommen, und er soll im Beben seines von der Liebe Gottes zitternden Herzens Gott, der als Mensch in schweigendem Warten neben ihm steht, sagen, ich – nein, er soll ihm nichts sagen, sondern schweigend sich der Liebe Gottes ergeben, die da ist, weil der Sohn geboren ist.

Karl Rahner, Gott ist gekommen, nach: Bacht, Zeiten des Herrn, A. S. 44f.

Geburt Jesu.
Fenster in der Pfarrkirche
Heilige Familie,
Dortmund-Brünninghausen.
Wilhelm Buschulte, 1990.

Gekreuzigt, gestorben und begraben

Christus Jesus war Gott gleich,
hielt aber nicht daran fest, wie Gott zu sein,
sondern er entäußerte sich
und wurde wie ein Sklave
und den Menschen gleich.
Sein Leben war das eines Menschen;
er erniedrigte sich
und war gehorsam bis zum Tod,
bis zum Tod am Kreuz.
Darum hat ihn Gott über alle erhöht
und ihm den Namen verliehen,
der größer ist als alle Namen,
damit alle im Himmel, auf der Erde und unter der Erde
ihre Knie beugen vor dem Namen Jesu
und jeder Mund bekennt: „Jesus Christus ist der Herr" –
zur Ehre Gottes, des Vaters.

Phil 2,6-11

Kreuzigung Jesu. Buchmalerei aus dem Evangeliar von Helmarshausen, um 1180. Unter dem Kreuz Maria und Johannes, zwischen ihnen die allegorischen Figuren der Kirche und der Synagoge. Unerleuchtet wendet diese sich mit dem Schriftwort: „Verflucht, wer am Holze hängt" von Jesus ab. Sonne und Mond trauern (Trier, Diözesanmuseum).

IHC. NAZARENVS.
REX. IVDEORVM.
FODERERVNT MANVS MEAS.
DIXI. ASCENDAM. IN PALMAM.

Deine Stimme spricht zu meiner Seele:
Fürchte dich nicht vor meinen goldnen Kleidern und erschrick dich nicht vor den Strahlen meiner Kerzen,
Denn sie sind alle nur Schleier meiner Liebe, sind alle nur wie zärtliche Hände über meinem Geheimnis!
Ich will sie fortziehen, weinende Seele, damit du erkennst, daß ich dir nicht fremd bin:
Wie sollte eine Mutter nicht ihrem Kind gleichen?
Alle deine Schmerzen sind in mir!
Ich bin aus Leiden geboren, ich bin aufgeblüht aus fünf heiligen Wunden,
Ich bin gewachsen am Baum der Schmach, ich bin erstarkt am bittren Wein der Tränen –
Ich bin eine weiße Rose in einem Kelch voll Blut!
Ich lebe aus dem Leid, ich bin eine Kraft aus dem Leid, ich bin eine Herrlichkeit aus dem Leid:
Komm an meine Seele und sei daheim!

Gertrud von Le Fort, Hymnen an die Kirche, S. 40

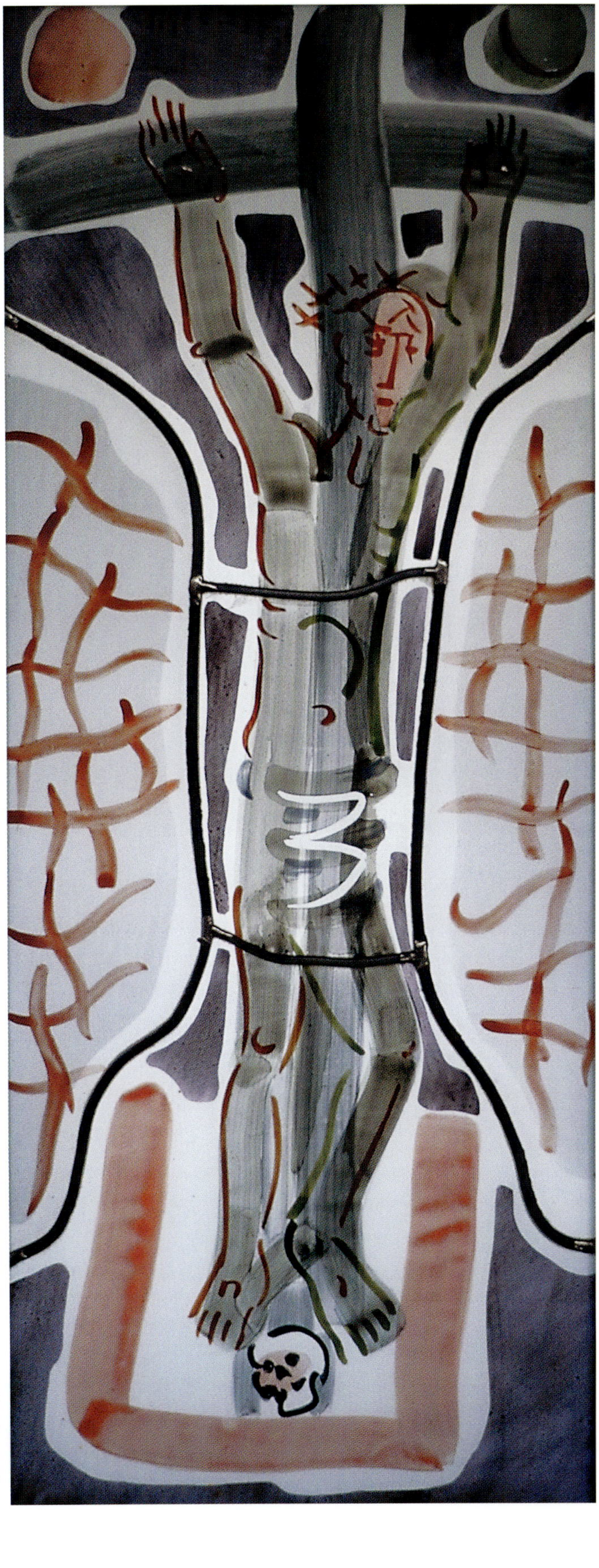

Kreuzigung Jesu.
Fenster in der Pfarrkirche
Heilige Familie,
Dortmund-Brünninghausen.
Wilhelm Buschulte,
1990.

Auferstanden von den Toten, aufgefahren in den Himmel

Verklärter Leib, o sei gegrüßt,
der du für uns am Kreuz gebüßt;
geheimnisvoll stellst du uns dar
dein Opfer, Herr, auf dem Altar.
Halleluja, halleluja!

Du heilges Blut, als Lösegeld
geopfert für die sündge Welt,
dich bet ich an: o wasch mich rein,
laß mich ein Kind der Gnade sein.
Halleluja, halleluja!

O heilger Leib, o heilges Blut,
du bist der Seele höchstes Gut,
bist Speis und Trank mir, Jesu mein,
komm in mein armes Herz hinein.
Halleluja, halleluja!

Sursum corda 1874

Seht, der Stein ist weggerückt,
nicht mehr, wo er war,
nichts ist mehr am alten Platz,
nichts ist, wo es war,
Halleluja, halleluja, halleluja,
halleluja.

Seht das Grab ist nicht mehr Grab,
tot ist nicht mehr tot,
Ende ist nicht Ende mehr,
nichts ist, wie es war,
Halleluja, halleluja, halleluja,
halleluja.

Seht, der Herr erstand vom Tod,
sucht ihn nicht mehr hier,
geht mit ihm in alle Welt,
er geht euch voraus,
Halleluja, halleluja, halleluja,
halleluja.

Lieder und Gebete, Katholikentag 1990,
Text: Lothar Zenetti

Himmelfahrt Christi.
Evangeliar Heinrichs des Löwen aus dem Scriptorium
der Abtei Helmarshausen, nach 1173.
Christus, zugleich im Bereich der irdischen und der
himmlischen Kirche,
wird vom Vater eingeladen,
sich zu seiner Rechten zu setzen
(Herzog August Bibliothek Wolfenbüttel Cod. Guelf. 75r).

SPONSVS.
SPONSA
S. PAVLVS.
ABACVC.

Der Herr rief von Anfang an „die zu sich, die er wollte, und bestellte Zwölf, damit sie bei ihm seien und er sie sende zu verkündigen" (Mk 3,13). So bildeten die Apostel die Keime des neuen Israel und zugleich den Ursprung der heiligen Hierarchie. Als er dann ein für allemal durch seinen Tod und seine Auferstehung in sich selbst die Geheimnisse unseres Heils und der Erneuerung von allem vollzogen hatte, gründete er, dem alle Gewalt im Himmel und auf Erden gegeben ist, vor der Aufnahme in den Himmel seine Kirche als Sakrament des Heils, sandte die Apostel in alle Welt, so wie er selbst vom Vater gesandt worden war, und trug ihnen auf: „Geht also hin, und macht alle Völker zu Jüngern, indem ihr sie tauft auf den Namen des Vaters und des Sohnes und des Heiligen Geistes und sie alles halten lehrt, was ich euch geboten habe" (Mt 28,19f.).

Ad gentes 5

Auferstehung und Himmelfahrt Christi. Fenster in der Pfarrkirche Heilige Familie, Dortmund-Brünninghausen. Wilhelm Buschulte, 1990.

So sehr hat Gott die Welt geliebt

Gerecht gemacht aus Glauben, haben wir Frieden mit Gott durch Jesus Christus, unseren Herrn. Durch ihn haben wir auch den Zugang zu der Gnade erhalten, in der wir stehen, und rühmen uns unserer Hoffnung auf die Herrlichkeit Gottes. Mehr noch, wir rühmen uns ebenso unserer Bedrängnis; denn wir wissen: Bedrängnis bewirkt Geduld, Geduld aber Bewährung, Bewährung Hoffnung. Die Hoffnung aber läßt nicht zugrunde gehen; denn die Liebe Gottes ist ausgegossen in unsere Herzen durch den Heiligen Geist, der uns gegeben ist. Christus ist schon zu der Zeit, da wir noch schwach und gottlos waren, für uns gestorben. Dabei wird nur schwerlich jemand für einen Gerechten sterben; vielleicht wird er jedoch für einen guten Menschen sein Leben wagen. Gott aber hat seine Liebe zu uns darin erwiesen, daß Christus für uns gestorben ist, als wir noch Sünder waren. Nachdem wir jetzt durch sein Blut gerecht gemacht sind, werden wir durch ihn erst recht vor dem Gericht Gottes gerettet werden. Da wir mit Gott versöhnt wurden durch den Tod seines Sohnes, als wir noch (Gottes) Feinde waren, werden wir erst recht, nachdem wir versöhnt sind, gerettet werden durch sein Leben. Mehr noch, wir rühmen uns Gottes durch Jesus Christus, unseren Herrn, durch den wir jetzt schon die Versöhnung empfangen haben.

Röm 5,1-11

Wahrhaftig ist es würdig und recht,
dir, allmächtiger Vater, zu danken
und dich mit der ganzen Schöpfung zu loben
durch unseren Herrn Jesus Christus.
Am Kreuz erhöht, hat er sich für uns dahingegeben aus unendlicher Liebe
und alle an sich gezogen.
Aus seiner geöffneten Seite strömen Blut und Wasser,
aus seinem durchbohrten Herzen entspringen die Sakramente der Kirche.
Das Herz des Erlösers steht offen für alle,
damit sie freudig schöpfen aus den Quellen des Heiles.

Präfation zum Herz-Jesu-Fest, Meßbuch

Oberer Teil des mittleren Chorfensters im Dom, Paderborn. Sogenannter Gnadenstuhl, theologisch eindrucksvollste Bildschöpfung des Abendlandes: die Vergegenwärtigung der vollendeten Liebe des dreifaltigen Gottes in der Liturgie. Der Vater bietet dar und empfängt zugleich in der Liebe des Heiligen Geistes die heilende und rettende Hingabe des Sohnes. Darunter die vom Pfingstgeist erfüllten Apostel: die entflammte Zustimmung auf der Erde.

Der war und der ist und der kommen wird

Der Thron Gottes und des Lammes wird in der Stadt stehen, und seine Knechte werden ihm dienen. Sie werden sein Angesicht schauen, und sein Name ist auf ihre Stirn geschrieben. Es wird keine Nacht mehr geben, und sie brauchen weder das Licht einer Lampe noch das Licht der Sonne. Denn der Herr, ihr Gott, wird über ihnen leuchten, und sie werden herrschen in alle Ewigkeit.

Offb 22,3b-5

Ich bin in das Gesetz deines Glaubens gefallen wie in ein nackendes Schwert!
Mitten durch meinen Verstand ging seine Schärfe, mitten durch die Leuchte meiner Erkenntnis!
Nie wieder werde ich wandeln unter dem Stern meiner Augen und am Stabe meiner Kraft!
Du hast meine Ufer weggerissen und hast Gewalt angetan der Erde zu meinen Füßen!
Meine Schiffe treiben im Meer: alle meine Anker hast du gelichtet!
Die Ketten meiner Gedanken sind zerbrochen, sie hängen wie Wildnis im Abgrund.
Ich irre wie ein Vogel um meines Vaters Haus, ob ein Spalt ist, der dein fremdes Licht einläßt,
Aber es ist keiner auf Erden, außer der Wunde in meinem Geist –
Ich bin in das Gesetz deines Glaubens gefallen wie in ein nackendes Schwert!

Gertrud von Le Fort, Hymnen an die Kirche, S. 15

Herrscher über das All. Der Blick auf den erhöhten Herrn erinnert die Gemeinde, daß Christus wirklich zugegen ist und die Erlösung vollenden wird. Apsisfresko in Berghausen bei Schmallenberg, St. Cyriacus, um 1230.

Kirche Grundsakrament unseres Heils

Die Kirche ist ja in Christus
gleichsam das Sakrament,
das heißt Zeichen und Werkzeug
für die innigste Vereinigung
mit Gott
wie für die Einheit
der ganzen Menschheit.

Lumen gentium 1

Zeichen im Zeitenwandel

Das Neue Testament spricht von der Kirche in zahlreichen Bildern. Vom Volk Gottes ist die Rede, vom Leib Christi, von der Stadt auf dem Berge, von der Braut Christi und anderen. Die Apostel werden Salz der Erde und Licht der Welt genannt. Alle diese Bilder haben Raum in dem sakramentalen Verständnis der Kirche, weil sie Zeichen der Liebe Gottes zur Welt sein soll. Menschlich Sichtbares und göttlich Unsichtbares sind in ihr untrennbar vereint. Von ihrer menschlichen Seite her gehört sie so zu den Zeichen, nicht bloß zu den hinweisenden Zeichen, sondern, weil Gottes Zeichen keine leeren Formen sind, zu den wirksamen Zeichen. Das will die Rede vom Grundsakrament Kirche ausdrücken.

Zeichen unterliegen naturgemäß den physikalischen und gesellschaftlichen Bedingungen, unter denen Menschen leben und unter denen die Zeichen gegeben und empfangen werden. Zwar empfindet das Herz den Ausdruck der Liebe zu allen Zeiten, aber ihre Zeichen wandeln sich mit den Menschen. So betrifft dies auch den sakramentalen Charakter der Kirche, es betrifft die Kirche nach innen, und es betrifft sie als Zeichen unter den Völkern. Daß sie als „sichtbare Versammlung" zugleich „geistliche Gemeinschaft" ist, sollte in ihren Versammlungen, ihren Einrichtungen, ihrer Liturgie, ihren Bauten und Vollzügen sichtbar werden. Was es mit der göttlichen Gemeinschaft, die man nicht sehen kann, auf sich hat, sollte ihre Zeichenhaftigkeit andeuten. Um im Lauf der Zeit verständlich zu bleiben, werden sich Zeichen verändern müssen, wie sich die Adressaten verändern. Im Kirchenbau der Jahrhunderte sind solche Veränderungen allbekannt. Die Spätantike baute Basiliken nach Art der römischen Versammlungshallen. Das Mittelalter schuf in seinen Domen Abbilder des himmlischen Jerusalem. Barockkirchen sollten Abbilder des Himmelssaales vor Augen führen, in dessen Vorhalle sich die irdische Kirche versammelte. Das zwanzigste Jahrhundert baute das „Zelt Gottes bei den Menschen". Aber auch in der Altargestaltung und in der Ausstattung der Kirchen werden aktuellen Nöten und Fragen entsprechende Veränderungen sichtbar, zeigen sich teilweise lokale und temporäre Vorlieben, Einsichten und Antworten. Im Frühmittelalter stand in allen Domen und Klosterkirchen der Kreuzaltar in der Mitte der Kirche, überragt oft von einem hohen Triumphkreuz. Die Gemeinde versammelte sich im Schatten des Kreuzes, unter dem „Baum des neuen Paradieses". In der Zeit der Türkenkriege entschied man sich in vielen Kirchen für die bis heute vom Gewölbe herabhängenden Strahlenmadonnen, den Mond wie eine Kugel unter den Füßen, einen Kranz von zwölf Sternen um das Haupt. Die Marienfigur erinnert an die Frauengestalt aus der Offenbarung des Johannes (Offb 12,1), Symbol des unter Gottes Schutz stehenden Israel. Unter diesen Schutz stellte sich die Gemeinde. In der Mitte des vorigen Jahrhunderts entstanden vielerorts an der Chorwand große Darstellungen des Weltenherrschers Christus über einem durch viele Stufen erhöhten Altar. Zu ihm hin sah sich die Gemeinde unterwegs, seiner Lehre folgend, seiner Herrschaft entgegen. Nach dem Zweiten Vatikanischen Konzil wandte sich der Blick. Der Altar als Symbol Christi rückte vor, wurde sichtbar Mitte der Gemeinde. Neue Zeiten werden die Ausprägung der Zeichen weiterführen.

Wenn wir die Kirche als Grundsakrament sehen, dann wird ihre Zeichenhaftigkeit mehr noch im Handeln als in ihrer Bausymbolik auch zu einem Kriterium der Kritik der Kirche in ihrer Nachfolge Christi. Die Welt muß ihre Zeichenhaftigkeit erkennen können. Unverständliche Zeichen sind beim Empfänger unwirksam.

Und alle wurden erfüllt vom Heiligen Geist

Auferstanden von den Toten, hat er seinen lebendigmachenden Geist den Jüngern mitgeteilt und durch ihn seinen Leib, die Kirche, zum allumfassenden Heilssakrament gemacht. Zur Rechten des Vaters sitzend, wirkt er beständig in der Welt, um die Menschen zur Kirche zu führen und durch sie enger mit sich zu verbinden, um sie mit seinem eigenen Leib und Blut zu ernähren und sie seines verherrlichten Lebens teilhaftig zu machen.

Lumen gentium 48

Pfingsten, Herabkunft des Heiligen Geistes. Buchmalerei aus einem Choralbuch des Zisterzienserinnenklosters Paradiese bei Soest. 14. Jahrhundert.
Christus und der Vater gemeinsam senden den Geist. Seine Kraft kommt über die Versammlung der Apostel, in deren Mitte Maria als Symbol der Kirche thront. Der Gesangstext ist der Eingangsvers zur Eucharistiefeier am Pfingstsonntag. Er lautet: Spiritus domini replevit orbem terrarum, alleluja, et hoc quod continet omnia scientiam habet vocis, alleluja.
Der Geist des Herrn erfüllt den Erdkreis, alleluja. Er, der das All zusammenhält, kennt jede Sprache, alleluja (Landes- und Universitätsbibliothek Düsseldorf Ms D 11).

Spiritus domini
ornavit celos
Sine quo preces omnis casse creduntur.
Spiritus domi ni
Replevit orbem
terrarum alle lu
ya. et hoc quod con ti net omnia sci
enciam habet vocis alle lu ya.
alleluya alle luya V. Confir
ma hoc deus quod operatus est in no
bis a templo tuo quod est in iherusa

Deine Stimme spricht:
Ich habe noch Blumen aus der Wildnis im Arme, ich habe noch Tau in meinen Haaren aus Tälern der Menschenfrühe,
Ich habe noch Gebete, denen die Flur lauscht, ich weiß noch, wie man die Gewitter fromm macht und das Wasser segnet.
Ich trage noch im Schoße die Geheimnisse der Wüste, ich trage noch auf meinem Haupt das edle Gespinst grauer Denker,
Denn ich bin Mutter aller Kinder dieser Erde: was schmähest du mich, Welt, daß ich groß sein darf wie mein himmlischer Vater?
Siehe, in mir knien Völker, die lange dahin sind, und aus meiner Seele leuchten nach dem Ew'gen viele Heiden!
Ich war heimlich in den Tempeln ihrer Götter, ich war dunkel in den Sprüchen aller ihrer Weisen.
Ich war auf den Türmen ihrer Sternsucher, ich war bei den einsamen Frauen, auf die der Geist fiel.
Ich war die Sehnsucht aller Zeiten, ich war das Licht aller Zeiten, ich bin die Fülle der Zeiten.
Ich bin ihr großes Zusammen, ich bin ihr ewiges Einig.
Ich bin die Straße aller ihrer Straßen: auf mir ziehen die Jahrtausende zu Gott!

Gertrud von Le Fort, Hymnen an die Kirche, S. 20

Pfingsten.
Die Herabkunft des Heiligen Geistes.
Fenster in der Pfarrkirche Heilige Familie,
Dortmund-Brünninghausen.
Wilhelm Buschulte, 1990.

Dem Heiligen Geist und uns hat es gefallen

Der einzige Mittler Christus hat seine heilige Kirche, die Gemeinschaft des Glaubens, der Hoffnung und der Liebe, hier auf Erden als sichtbares Gefüge verfaßt und trägt sie als solches unablässig; so gießt er durch sie Wahrheit und Gnade auf alle aus. Die mit hierarchischen Organen ausgestattete Gesellschaft und der geheimnisvolle Leib Christi, die sichtbare Versammlung und die geistliche Gemeinschaft, die irdische Kirche und die mit himmlischen Gaben beschenkte Kirche sind nicht als zwei verschiedene Größen zu betrachten, sondern bilden eine einzige komplexe Wirklichkeit, die aus menschlichem und göttlichem Element zusammenwächst. Deshalb ist sie in einer nicht unbedeutenden Analogie dem Mysterium des fleischgewordenen Wortes ähnlich. Wie nämlich die angenommene Natur dem göttlichen Wort als lebendiges, ihm unlöslich geeintes Heilsorgan dient, so dient auf eine ganz ähnliche Weise das gesellschaftliche Gefüge der Kirche dem Geist Christi, der es belebt, zum Wachstum seines Leibes.

Lumen gentium 8

Wir danken dir, Gott, unser Vater, …
Einst hast du Israel, dein Volk,
mit starker Hand durch die weglose Wüste geleitet.
Heute führst du deine pilgernde Kirche
in der Kraft des Heiligen Geistes.

Hochgebet für Messen für besondere Anliegen, Meßbuch

Alles aber, was das Volk Gottes in der Zeit seiner irdischen Pilgerschaft der Menschenfamilie an Gutem mitteilen kann, kommt letztlich daher, daß die Kirche das allumfassende Sakrament des Heiles ist, welches das Geheimnis der Liebe Gottes zu den Menschen zugleich offenbart und verwirklicht.

Gaudium et spes 45

Die Weltkirche – Vollversammlung des Zweiten Vatikanischen Konzils (1962-1965) im Petersdom in Rom

Gemeinde des Herrn

In Jesus Christus und in seiner Präsenz, eben der Kirche, sagt sich Gott der Menschheit so zu, daß diese Zusage endgültig durch die Gnadentat Gottes verbunden bleibt mit der Annahme dieser Zusage von seiten der Freiheitsgeschichte der Welt. Von da aus gesehen, ist die Kirche das Zeichen, die geschichtliche Erscheinung der siegreich sich durchsetzenden Selbstmitteilung Gottes. Sie ist nicht nur das Zeichen eines gleichsam offen bleibenden Angebotes, einer bloßen Frage Gottes an seine Kreatur, einer Frage, von der man nicht wüßte, wie sie von seiten der Welt beantwortet werden wird, sondern einer Frage, die ihre positive Antwort – unbeschadet der Freiheit der Kreatur – aufs Ganze der Geschichte der Menschheit gesehen, selber erwirkt und mitbringt. Und insofern ist die Kirche Zeichen, aber Zeichen einer *wirksam* sich durchsetzenden Gnade für die Welt und Grundsakrament in diesem radikalen Sinn.

Karl Rahner, Grundkurs des Glaubens, S. 397f.

Es ist mir ein Herzensanliegen,

- daß wir den Menschen unserer Zeit und unseres Raumes Glaubens- und Lebenshilfe vermitteln können;
- daß wir gemeinsam mit ihnen entdecken, worauf es ankommt;
- daß wir sie mit jener Hoffnung anstecken können, aus der wir leben.

Johannes Joachim Kardinal Degenhardt, Wir sind Sein Volk, S. 7

Die Kirche von Paderborn, versammelt zur Eucharistiefeier gemeinsam mit dem Bischof von Rom, Papst Johannes Paul II., am 22. Juni 1996 in der Senne bei Paderborn

Einig
in der
Hoffnung

Barmherziger Gott,
vollende deine Kirche im Glauben und in der Liebe:
unseren Papst Johannes Paul
und unseren Bischof Johannes Joachim,
alle Bischöfe, Priester und Diakone
und das ganze Volk, das du dir erworben hast.
Öffne unsere Augen für jede Not.
Gib uns das rechte Wort,
wenn Menschen Trost und Rat suchen.
Hilf uns zur rechten Tat, wo Menschen uns brauchen.
Laß uns denken und handeln
nach dem Wort und Beispiel Christi.
Mache deine Kirche
zu einem Ort der Wahrheit und der Freiheit,
des Friedens und der Gerechtigkeit,
damit die Menschen neue Hoffnung schöpfen.

Hochgebet für Messen für besondere Anliegen, Meßbuch

Die Ortskirche, repräsentiert in der Pfarrgemeinde: Seniorenfrühstück in St. Walburga Werl. Freiwillige Helfer organisieren alle zwei Wochen ein gemeinsames Frühstück für alleinstehende Senioren.

Haus Gottes und Pforte des Himmels

Die Kirche ist ein „geistiges Haus“, auferbaut aus lebendigen Steinen. Von alters her haben Kirchenräume diese Wirklichkeit zum Ausdruck gebracht. Sie dienten der Gemeinschaft der Kinder Gottes als Raum zur Entfaltung, zur Begegnung mit Christus, zur Begegnung miteinander. Damit kommt ihnen die Aufgabe zu, schützend, bergend, entlastend, befreiend, befriedend zu wirken und „heiligem Spiel“ (Romano Guardini) in Gott Raum zu geben: Raum, der immer wieder neu und immer wieder anders interpretiert, gefüllt, mit Leben erfüllt werden will.

Leitlinien für den Bau und die Ausgestaltung von gottesdienstlichen Räumen, 2002, S. 7

Jakob erwachte aus seinem Schlaf und sagte: Wirklich, der Herr ist an diesem Ort, und ich wußte es nicht. Furcht überkam ihn, und er sagte: Wie ehrfurchtgebietend ist doch dieser Ort! Hier ist nichts anderes als das Haus Gottes und das Tor des Himmels.

Gen 28,16f.

Abbild des himmlischen Jerusalem

Da entrückte er mich in der Verzückung auf einen großen, hohen Berg und zeigte mir die heilige Stadt Jerusalem, wie sie von Gott her aus dem Himmel herabkam, erfüllt von der Herrlichkeit Gottes. Sie glänzte wie ein kostbarer Edelstein, wie ein kristallklarer Jaspis. Die Stadt hat eine große und hohe Mauer mit zwölf Toren und zwölf Engeln darauf. Auf die Tore sind Namen geschrieben: die Namen der zwölf Stämme der Söhne Israels. Im Osten hat die Stadt drei Tore und im Norden drei Tore und im Süden drei Tore und im Westen drei Tore. Die Mauer der Stadt hat zwölf Grundsteine; auf ihnen stehen die zwölf Namen der zwölf Apostel des Lammes. Ihre Mauer ist aus Jaspis gebaut, und die Stadt ist aus reinem Gold, wie aus reinem Glas. Die zwölf Tore sind zwölf Perlen; jedes der Tore besteht aus einer einzigen Perle. Die Straße der Stadt ist aus reinem Gold, wie aus klarem Glas. Einen Tempel sah ich nicht in der Stadt. Denn der Herr, ihr Gott, der Herrscher über die ganze Schöpfung, ist ihr Tempel, er und das Lamm. Die Stadt braucht weder Sonne noch Mond, die ihr leuchten. Denn die Herrlichkeit Gottes erleuchtet sie, und ihre Leuchte ist das Lamm. Die Völker werden in diesem Licht einhergehen, und die Könige der Erde werden ihre Pracht in die Stadt bringen. Ihre Tore werden den ganzen Tag nicht geschlossen – Nacht wird es dort nicht mehr geben.

Offb 21,10-13.18.21-25

Oben: Der Dom zu Paderborn um 1830. Im Mittelalter und noch bis ins 19. Jh. gab es in den Domkirchen keine Bänke. Man konnte und durfte umhergehen wie in der himmlischen Stadt Jerusalem. Das Triumphkreuz in der Vierung (hier bereits durch den barocken Hochaltar ersetzt) und die lichtdurchfluteten Fenster erinnerten an die Gegenwart Christi, die Sonne, die keinen Untergang kennt. Der Achtpass in den Fensterrosetten (im Bild nur in einem Fenster rechts oben zu sehen) symbolisiert den achten Tag, den Tag der neuen Schöpfung. Gemälde, Diözesanmuseum.

Unten: Radleuchter über dem Altar der Pfarrkirche St. Cyriakus in Olsberg-Bruchhausen. Der Ring symbolisiert die Einheit der Gemeinde in Christus und ist zugleich wie die mittelalterlichen Radleuchter Hinweis auf das himmlische Jerusalem.

Die Frau, mit der Sonne umkleidet

Frohlocket, ihr Chöre der Engel, frohlocket, ihr himmlischen Scharen, lasset die Posaune erschallen, preiset den Sieger, den erhabenen König! Lobsinge, du Erde, überstrahlt vom Glanz aus der Höhe! Licht des großen Königs umleuchtet dich. Siehe, geschwunden ist allerorten das Dunkel. Auch du freue dich, Mutter Kirche, umkleidet von Licht und herrlichem Glanze! Töne wider, heilige Halle, töne von des Volkes mächtigem Jubel.

Osternacht, Anfang des Exsultet, Meßbuch

Sagt an, wer ist doch diese,
die auf am Himmel geht,
die überm Paradiese
als Morgenröte steht?
Sie kommt hervor von ferne;
es schmückt sie Mond und Sterne,
die Braut von Nazareth.

Sursum corda 1948, Text nach Joh. Khuen, 1638

Dann erschien ein großes Zeichen am Himmel: eine Frau, mit der Sonne bekleidet; der Mond war unter ihren Füßen und ein Kranz von zwölf Sternen auf ihrem Haupt.

Offb 12,1

Osternachtfeier in der Propsteikirche St. Walburga, Werl. Die Gemeinde ist versammelt unter dem Zeichen der Strahlenmadonna. Im Schutz der apokalyptischen Frau, in der die Überlieferung das erneuerte Israel als Symbol der Kirche sah und auch Maria, die ebenso Symbol der Kirche ist. Dieses Schutz- und Hoffnungszeichen kam in den notvollen Jahren der Türkenkriege im 16. Jahrhundert auf.

Thronsaal des Himmels

Hier liegt vor Deiner Majestät
im Staub die Christenschar,
das Herz zu Dir, o Gott, erhöht,
die Augen zum Altar.
Schenk uns, o Vater, Deine Huld,
vergib uns unsre Sündenschuld!
O Gott, von Deinem Angesicht
verstoß uns arme Sünder nicht!
Verstoß uns nicht, verstoß uns nicht,
verstoß uns Sünder nicht!

Wir haben Dich, o höchstes Gut,
gar oft beleidigt schwer;
o Gott, vergib den Frevelmut,
er reuet uns gar sehr!
Zur Sühnung bringt auf dem Altar
Dein Sohn sich selbst zum Opfer dar;
um seinetwillen hab Geduld,
vergib uns unsre schwere Schuld.
Erbarme Dich, erbarme Dich,
erbarm Dich gnädiglich!

Sursum corda 1948

Sag ja zu mir, wenn alles nein sagt,
weil ich so vieles falsch gemacht.
Wenn Menschen nicht verzeihen können,
nimm du mich an trotz aller Schuld.
./. Tu meinen Mund auf, dich zu loben,
und gib mir deinen neuen Geist. ./.

Uns ist das Heil durch dich gegeben;
denn du warst ganz für andre da.
An dir muß ich mein Leben messen;
doch oft setz ich allein das Maß.

Gib mir den Mut, mich selbst zu kennen,
mach mich bereit zu neuem Tun.
Und reiß mich aus den alten Gleisen;
ich glaube, Herr, dann wird es gut.

Denn wenn du ja sagst, kann ich leben;
stehst du zu mir, dann kann ich gehn,
dann kann ich neue Lieder singen
und selbst ein Lied für andre sein.

Zu viele sehen nur das Böse
und nicht das Gute, das geschieht.
Auch das Geringste, das wir geben,
es zählt bei dir, du machst es groß.

Drum ist mein Leben nicht vergeblich,
es kann für andre Hilfe sein.
Ich darf mich meines Lebens freuen
und andern Grund zur Freude sein.

Gotteslob, Text: Diethard Zils, 1970

Büren, Kirche Maria Immaculata, ehemals Jesuitenkirche. Der Barock gestaltete die Kirchen als Abbilder des himmlischen Thronsaales, in dem die Vollendeten Gott schauen. Kuppeln und Deckengemälde lenken den Blick der Hoffnung in die unsichtbare Herrlichkeit des Himmels.

Die Stadt auf dem Berge

Ein Haus voll Glorie schauet
weit über alle Land,
aus ewgem Stein erbauet
von Gottes Meisterhand.
Gott, wir loben Dich!
Gott, wir preisen Dich!
O laß im Hause Dein
uns all geborgen sein!

Gar herrlich ist's bekränzet
mit starker Türme Wehr,
und oben hoch erglänzet
des Kreuzes Zeichen hehr.
./.
Wohl tobet um die Mauern
der Sturm in wilder Wut,
das Haus wird's überdauern,
auf festem Grund es ruht.
./.
Ob auch der Feind ihm dräue,
anstürmt der Hölle Macht,
des Heilands Lieb und Treue
auf seinen Zinnen wacht.
./.
Dem Sohne steht zur Seite
die reinste der Jungfraun;
um sie drängt sich zum Streite
die Kriegsschar voll Vertraun.
./.
Viel tausend schon vergossen
in heilger Lust ihr Blut;
die Reihn stehn fest geschlossen
in hohem Glaubensmut.
./.
Auf, eilen liebentzündet
auch wir zum heilgen Streit,
der Herr, der's Haus gegründet,
uns ewgen Sieg verleiht.
./.

Sursum corda 1948, Text 1876

Ein Haus voll Glorie schauet
weit über alle Land,
aus ewgem Stein erbauet
von Gottes Meisterhand.
Gott, wir loben dich.
Gott, wir preisen dich.
O laß im Hause dein
uns all geborgen sein.

Auf Zion hoch gegründet
steht Gottes heilge Stadt,
daß sie der Welt verkündet,
was Gott gesprochen hat.
Herr, wir rühmen dich,
wir bekennen dich;
denn du hast uns bestellt
zu Zeugen in der Welt.

Die Kirche ist erbauet
auf Jesus Christ allein.
Wenn sie auf ihn nur schauet,
wird sie in Frieden sein.
Herr, dich preisen wir,
auf dich bauen wir;
laß fest auf diesem Grund
uns stehn zu aller Stund.

Seht Gottes Zelt auf Erden!
Verborgen ist er da;
in menschlichen Gebärden
bleibt er den Menschen nah.
Herr, wir danken dir,
wir vertrauen dir;
in Drangsal mach uns frei
und steh im Kampf uns bei.

Sein wandernd Volk will leiten
der Herr in dieser Zeit;
er hält am Ziel der Zeiten
dort ihm sein Haus bereit.
Gott, wir loben dich,
Gott, wir preisen dich.
O laß im Hause dein
uns all geborgen sein.

Gotteslob, Text Str. 2-5, Hans W. Marx, 1972

Pfarrkirche St. Joseph, Wanne-Süd, Stadt Herne. Erbaut 1909-1911. „Ein repräsentativer Bau für den Herrn der Welt, der Wohnung nimmt bei uns Menschen", sagt eine alte Beschreibung. Der neuromanische Kirchenbau um 1900 wollte zugleich ein Bollwerk schaffen, „eine feste Burg", in dem sich die Gemeinde geborgen fühlt.

Der Finger Gottes

Wenn ich aber die Dämonen durch den
Finger Gottes austreibe,
dann ist doch das Reich Gottes
schon zu euch gekommen.

Lk 11,20

Links: Pfarrkirche St. Marien, Witten, erbaut 1846-1848.
Rechts: Pfarrkirche Liebfrauen, Dortmund-Mitte, aus Straßensicht, erbaut 1881-1883. Die Kirchen sind in der Zeit des starken Anwachsens der Ruhrgebietsstädte entstanden. St. Marien war die erste katholische Kirche in Witten seit der Reformation; ihr Turm wurde auch zu einem Gegenpol zum Rathausturm.

Das Zelt Gottes bei den Menschen

Pfarrkirche St. Barbara, Herne-Röhlinghausen. Erbaut 1967-1969 an Stelle einer wegen Bergschäden geschlossenen und abgebrochenen Kirche. Die neue Kirche ist als Heilig-Geist-Kirche geweiht.

Ich sah die heilige Stadt, das neue Jerusalem, von Gott her aus dem Himmel herabkommen. Sie war bereit wie eine Braut, die sich für ihren Mann geschmückt hat. Da hörte ich eine laute Stimme vom Thron her rufen: Seht, das Zelt Gottes bei den Menschen.

Offb 21,2f.

Kirchenbau im Wandel

- Wenn sowohl der Zeichencharakter des Raumes als auch seine liturgische Eignung stimmen, sind die Voraussetzungen dafür geschaffen, dass das Mysterium Christi und seiner Kirche angemessen gefeiert und erfahren werden kann. So können Architekten und bildende Künstler einen wichtigen Beitrag zum Verkündigungsauftrag der Kirche leisten. (9)

- „Das Wort ist Fleisch geworden und hat unter uns gewohnt." Auf dieses geheimnisvolle Wohnen Gottes unter uns antwortet der Mensch angemessen durch das Danken (Eucharistie) oder die Lobzusage an Gott (Doxologie). Hier liegt die Berechtigung, ja Notwendigkeit zweckfreier, festlicher Liturgie, in der die Dialektik konkreter Gestaltwerdung (Vergegenwärtigung) und ehrfurchtsvoller Anerkennung der Unfassbarkeit Gottes (Doxologie) aufgehoben wird. Der Kirchenbau, der dieser Feier Raum gibt, wird zum Ort der Anschaulichkeit des Wortes, er wird Gestalt gewordene Theologie oder „Doxologie in Stein". (11)

- In unserer Gesellschaft ist es oft üblich, relativ aufwendig und repräsentativ zu bauen. Da auch der Kirche in unserem Land im Vergleich zu anderen Ländern noch genügend Mittel zur Verfügung stehen, kann es eine Verführung sein, sich beim Bauen von Kirchen und kirchlichen Gebäuden der herrschenden Strömung anzuschließen. Demgegenüber muss heute, vor allem im Hinblick auf die Weltlage, kirchliches Bauen von der Glaubwürdigkeit des Evangeliums geprägt sein, d. h. eine Einfachheit aufweisen, der künstlerische Qualität und Zweckmäßigkeit innewohnen. (13)

- In jedem Fall soll der Altar gleichsam den Mittelpunkt des gottesdienstlichen Raumes bilden, der die Aufmerksamkeit der versammelten Gemeinde von selbst auf sich zieht. (24)

- Hat der Tabernakel seinen Platz im Altarraum, so ist darauf zu achten, dass er vom Altar deutlich getrennt ist und in seiner Gestaltung die Aussagekraft der liturgischen Orte Altar und Ambo nicht überlagert. Die Aufstellung des Tabernakels in der Mittelachse ist dem heutigen Verständnis der Liturgie weniger angemessen und sollte nach Möglichkeit vermieden werden. (26)

- Der Taufbrunnen kann an verschiedenen Stellen des Kirchenraumes errichtet werden. Er sollte nach Möglichkeit im Blickfeld der Gemeinde stehen. Er kann sich aber auch in einem angegliederten Raumteil oder in einer selbständigen Taufkapelle befinden. In jedem Fall muss gewährleistet sein, dass sich eine Taufgemeinde am Taufort versammeln kann. Bei der Planung des Taufortes ist zu bedenken, dass die Taufliturgie verschiedene Teile hat, die an unterschiedlichen Orten stattfinden. (27)

- Wie beim Taufort soll man bei der Planung des Ortes für das Bußsakrament von der Vollform der liturgischen Handlung ausgehen. Der traditionelle Beichtstuhl ist dafür nur bedingt geeignet, weil sich in ihm weder die Wortverkündigung noch die Gesten bei der Lossprechung entfalten können. Bewährt haben sich Beichtzimmer, die so eingerichtet sind, dass sowohl ein anonymes Bekenntnis als auch ein offenes Gespräch möglich ist. (28)

Leitlinien für den Bau und die Ausgestaltung von gottesdienstlichen Räumen, 2002, Auszüge

Pfarrkirche Heilig Kreuz in Herringen, erbaut 1928/29.

Ursprüngliche Innengestaltung mit tiefem Chor und zentralem, expressionistischem Kreuz. Die Kirche gehört zu den ersten Bauten, die eine moderne Architektur wagten.

Innenansicht nach der Renovierung von 1975/1987 mit verkürztem Chor, verringerter Stufenzahl und auf das eucharistische Mahl hinweisendem Abendmahlsmosaik

Mutter und Lehrerin

Mutter, ich lege mein Haupt in deine Hände: schütze mich vor dir!
Denn furchtbar ist das Gesetz des Glaubens, das du aufrichtest.
Fremd ist es in allen Fluren meines Blickes.
Die Täler der Stunden und die Räume der Gestirne wissen nichts von ihm.
Meine Füße gleiten an ihm ab wie an Halden von Eis,
Und mein Geist zersplittert daran wie an gläsernen Felsen.
Bist du gewiß, meine Mutter, daß nicht der Bote des Abgrunds dich betrog?
Oder daß Wildlinge aus der Engel Saal dich verhöhnten?
Du heißt mich mein einziges Licht löschen und heißt mich es wiederentzünden an der Finsternis der Nacht!
Du gebietest mir Blindheit, daß ich sehe, und Taubheit, daß ich höre!

Gertrud von Le Fort, Hymnen an die Kirche, S. 14

Fest soll mein Taufbund immer stehn,
ich will die Kirche hören.
Sie soll mich allzeit gläubig sehn
und folgsam ihren Lehren.
Dank sei dem Herrn, der mich aus Gnad
in seine Kirch berufen hat;
./. nie will ich von ihr weichen! ./.

Sursum corda 1948

Fest soll mein Taufbund immer stehn,
zum Herrn will ich gehören.
Er ruft mich, seinen Weg zu gehen
und will sein Wort mich lehren.
Dank sei dem Herrn, der mich aus Gnad
in seine Kirch berufen hat;
./. ihr will ich gläubig folgen! ./.

Gotteslob, Anhang

Paderborn. Bischöfliche Kathedra im Dom.

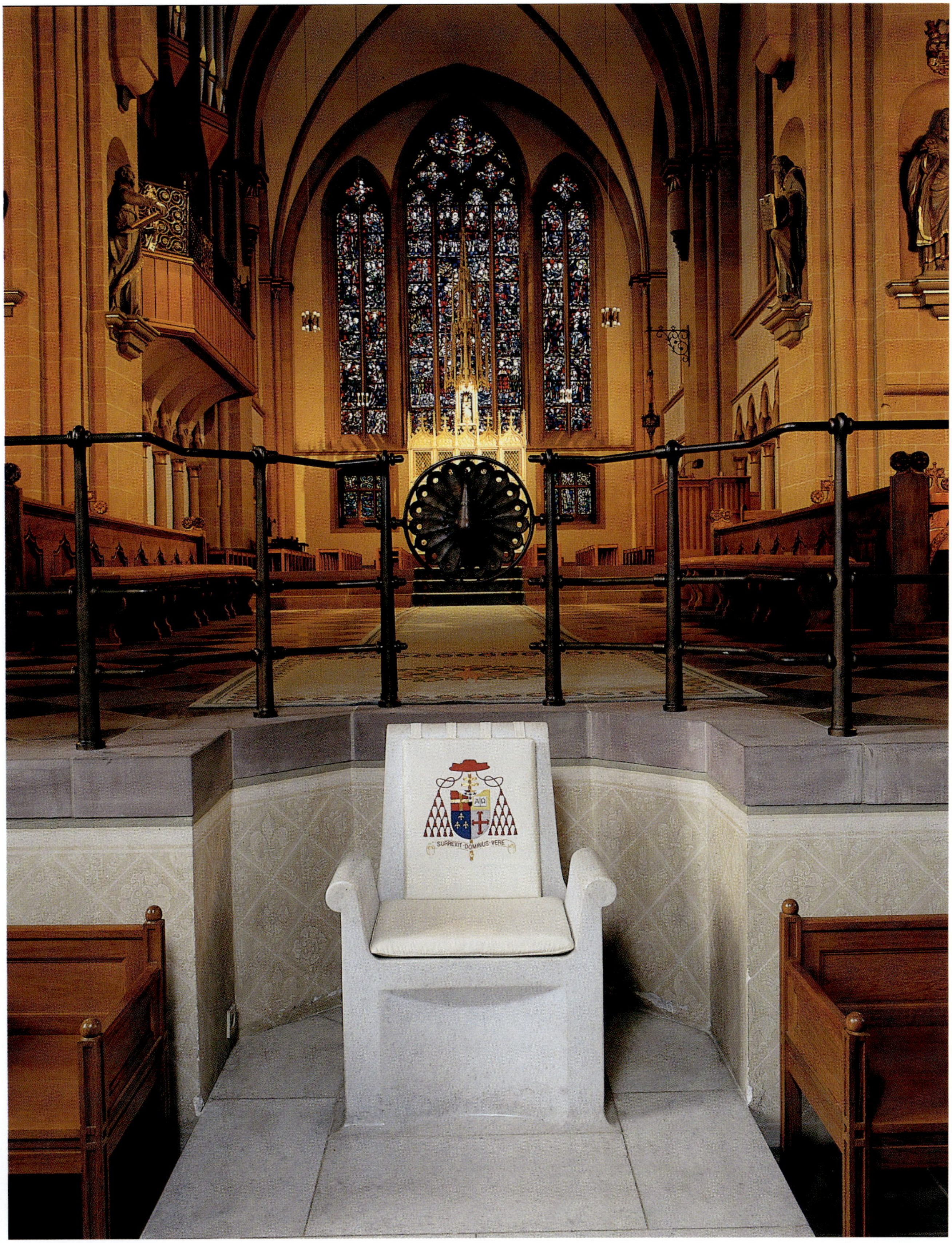
SURREXIT·DOMINUS·VERE

Zeichen unter den Völkern

So ist die Kirche, Gottes alleinige Herde, wie ein unter den Völkern erhobenes Zeichen. Indem sie dem ganzen Menschengeschlecht den Dienst des Evangeliums des Friedens leistet, pilgert sie in Hoffnung dem Ziel des ewigen Vaterlandes entgegen.

Unitatis redintegratio 2

Zur Völkerwelt von Gott gesandt, soll die Kirche das allumfassende Sakrament des Heils sein. So müht sie sich gemäß dem innersten Anspruch ihrer eigenen Katholizität und im Gehorsam gegen den Auftrag ihres Stifters, das Evangelium allen Menschen zu verkünden.

Ad gentes 1

Als Kirche in Deutschland sind wir aufgerufen, den jungen Kirchen in der Dritten Welt geistlich, personell und finanziell beizustehen. Dabei müssen wir uns bewußt sein, daß wir nicht nur Gebende, sondern auch Empfangende sind. Die Kraft des Glaubens in den jungen Kirchen, lebendige Gemeinden, die ehrenamtlich engagierte Mitarbeit, die ehrliche Bemühung, aus dem Evangelium und mit Hilfe der katholischen Soziallehre gerechtere Ordnungen zu schaffen und mit den modernen geistigen Strömungen sich auseinanderzusetzen, können auch für uns Vorbild sein.

Johannes Joachim Kardinal Degenhardt, Die Laien in Kirche und Welt, in: Worte zur Zeit, Heft 15, S. 22f.

36 Gesichter,
geformt in Anlehnung an die afrikanische Maskentradition,
dennoch jedes mit individuellen Zügen.
Sie erzählen Geschichten von Leben und Tod,
von Freude und Leid, von Frieden und vom Krieg.
Sie tragen Zeichen – den Dreizack der Gewalt,
die Krone des Friedens und der Weisheit oder Symbole
aus der afrikanischen Mythologie.
Jedes Gesicht will gelesen, verstanden und betrachtend
je neu entdeckt werden.
Verwoben in diese Vielfalt liegt das Kreuz,
Zeichen der Hoffnung und Befreiung,
Mahnung an die biblische Botschaft des Friedens.

Misereor 2002

Wir sind trotz aller Richtigkeit und Rechtgläubigkeit an einem toten Punkt. Die christliche Idee ist keine der führenden und gestaltenden Ideen dieses Jahrhunderts. Immer noch liegt der ausgeplünderte Mensch am Wege. Soll der Fremdling ihn noch einmal aufheben? Man muß, glaube ich, den Satz sehr ernst nehmen: was gegenwärtig die Kirche beunruhigt und bedrängt, ist der Mensch. Der Mensch außen, zu dem wir keinen Weg mehr haben und der uns nicht mehr glaubt. Und der Mensch innen, der sich selbst nicht glaubt, weil er zu wenig Liebe erlebt und gelebt hat. Man soll deshalb keine großen Reformreden halten und keine großen Reformprogramme entwerfen, sondern sich an die Bildung der christlichen Personalität begeben und zugleich sich rüsten, der ungeheuren Not des Menschen helfend und heilend zu begegnen.

Die meisten Menschen der Kirche und die amtliche Kirche selbst müssen einsehen, daß für die Gegenwart und ihre Menschen die Kirche nicht nur eine unverstandene und unverstehbare Wirklichkeit ist, sondern in vieler Hinsicht eine beunruhigende, bedrohliche, gefährliche Tatsache. Wir laufen auf zwei Parallelen, und es führen keine verbindenden Stege hinüber und herüber. Dazu kommt, daß sich jede der beiden Instanzen – die „natürliche" und die „übernatürliche" – der andern gegenüber als zuständiger Richter vorkommt. Für die Kirche ergibt sich daraus eine mehrfache Verpflichtung. ... Die Kirche muß sich selbst viel mehr als Sakrament, als Weg und Mittel begreifen, nicht als Ziel und Ende.

Alfred Delp, Im Angesicht des Todes (1945), S. 105f.

Der barmherzige Samariter. Evangeliar Heinrichs des Löwen aus dem Scriptorium der Abtei Helmarshausen, nach 1173. Obere Bildhälfte: Zwischen Jericho und Jerusalem prügeln und entkleiden Räuber einen Mann. Untere Bildhälfte: Ein Samaritaner setzt den Geschundenen auf sein Reittier und gibt dem Herbergswirt zwei Denare für seine Pflege. Levit und Priester, gekleidet als Mönch und Bischof, gehen mit sprechenden Gesten vorbei (Herzog August Bibliothek Wolfenbüttel Cod. Guelf. 112r).

AFFLIXI.TE.⁊NON.AF
FLIGAM.TE.VL
TRA.
PCUSSERUNT.ME.ET.
WLNERAVERUNT.ME.
TULERUNT.P.LIUM.
S PAULUS.
XPC.NOS.REDEMIT DE
MALEDICTO.LEGIS.
MICHEAS.P.
REDIMIT.TE.DNS.DE
MANU.INIMICORU
TUORUM.

Zeichen der Einheit

Ich habe ihnen die Herrlichkeit gegeben,
die du mir gegeben hast;
denn sie sollen eins sein,
wie wir eins sind,
ich in ihnen und du in mir.
So sollen sie vollendet sein in der Einheit,
damit die Welt erkennt,
daß du mich gesandt hast
und die Meinen ebenso geliebt hast wie mich.

Joh 17,22f.

Das Päpstliche Sekretariat für die Einheit der Christen, damals noch Kommission genannt, das im Zusammenhang mit dem Zweiten Vatikanischen Konzil eingerichtet wurde, geht auf eine Paderborner Anregung zurück. Erzbischof Lorenz Jaeger hatte entsprechende Vorschläge unterbreitet. In einem Antwortbrief von Kardinal Bea, der später Vorsitzender des Sekretariats wurde, heißt es dazu:

Wie Exzellenz sehen, kommt die Kommission in doppelter Funktion zur Geltung: einmal als vorbereitende Kommission für das Konzil, dann auch als „ständige" Institution. Die beiden Gesichtspunkte fallen natürlich nicht ganz zusammen, lassen sich aber sehr gut und nützlich verbinden. Die „ständige Kommission" kann und soll schon während der Konzilsvorbereitung alles Material zur Verfügung stellen und auch die Verbindung mit den Außenstehenden (auch Protestanten) aufrechterhalten bzw. pflegen. Der Hl. Vater ist auch einverstanden, daß wir inoffiziell auch mit dem Weltrat von Genf verhandeln.

Erzbischöfliches Archiv Paderborn (18. 3. 1960)

Gott hat die Versammlung derer, die zu Christus als dem Urheber des Heils und dem Ursprung der Einheit und des Friedens glaubend aufschauen, als seine Kirche zusammengerufen und gestiftet, damit sie allen und jedem das sichtbare Sakrament dieser heilbringenden Einheit sei.

Lumen gentium 9

Ökumenischer Gottesdienst mit Papst Johannes Paul II. im Paderborner Dom am 22. Juni 1996. Am Lesepult Erzbischof Johannes Joachim Degenhardt, sitzend links: Direktor Pastor Uwe Kühne vom Bund Evangelisch-Freikirchlicher Gemeinden, Metropolit Augoustinos von der Griechisch-Orthodoxen Metropolie in Deutschland; rechts neben dem Papst: Landesbischof Horst Hirschler, Landessuperintendent der Evangelisch-Reformierten Kirche Walter Herrenbrück und der Vorsitzende der Deutschen Bischofskonferenz Bischof Karl Lehmann.

Sieben Sakramente des Lebens

Aus einer Predigt Papst Leos des Großen (440-461) zu Christi Himmelfahrt

Damit wir nun, Geliebte, zu dieser Seligkeit fähig werden können, ist unser Herr Jesus Christus am vierzigsten Tage nach der Auferstehung vor den Augen seiner Jünger in den Himmel erhoben worden. Zuvor hatte er alle für die Verkündigung des Evangeliums und der Mysterien des erneuerten Bundes erforderlichen Anordnungen getroffen. Er setzte seiner körperlichen Gegenwart ein Ende, da er zur Rechten des Vaters weilen wollte, bis die von Gott für die Mehrung der Kinder der Kirche festgesetzten Zeiten erfüllt wären, und er in eben dem Fleisch, in dem er aufgefahren ist, zum Gericht über Lebende und Tote kommen würde. Was also an unserem Erlöser sichtbar war, ist übergegangen in die Sakramente. Und damit der Glaube größer und fester werden kann, ist an die Stelle der sinnlichen Wahrnehmung die Lehre getreten, deren Autorität die durch himmlische Strahlen erleuchteten Herzen der Gläubigen folgen sollen.

MPL 54 Sermo 74.2

Christus – Ursprung der Sakramente. Das Kreuz mit Strahlen und einem flammenden Herzen steht als Zeichen des Erlösers. Egbert Lammers (1908-1996), dessen künstlerisches Schaffen nahezu ausschließlich in Farbfenstern, religiösen und profanen, Ausdruck fand, hat über längere Jahre in zahlreichen Variationen die Sakramente zum Thema seiner Fensterentwürfe gemacht. Stets wählte er Symbole für seine Darstellungen und verzichtete darauf, die sichtbaren Zeichenhandlungen abzubilden, um den Betrachter nicht am Äußeren der Sakramente abgleiten zu lassen. Es bedarf daher der eingehenden Betrachtung, um den Sinn der einzelnen Bilder zu erschließen. Das Auge entdeckt den Fisch, den Adler, Weinstock und Trauben, Schlüssel und Ringe, muß die Signale aber geduldig im Darstellungszusammenhang deuten. Die Fenster in der Kapelle des Ursulinenklosters in Werl sind 1960 entstanden.

Zeichen, die Werkzeuge sind

Zunächst eine Familienszene: Nach einem halben Jahr Auslandsdienst ist der Sohn nach Hause gekommen. Herzliche Begrüßung, Auspacken, Freunde anrufen, Erzählen, und mittags gibt es sein Leibgericht: Hering mit Pellkartoffeln. Er muß die Kartoffeln nicht einmal selbst pellen. Diesmal hat die Mutter alles fertig auf den Tisch gestellt. Der junge Mann spürt, daß er zu Hause ist. Er muß nichts darstellen, er gehört dazu. Er kann loslassen, weil alles wieder richtig ist. Heimat ist das alte und unersetzbare Wort für diese Erfahrung.

Hering mit Pellkartoffeln ist keine besonders anspruchsvolle Mahlzeit. Aber ihm ist sie vertraut, sie schmeckt ihm nach Erinnerung. Für ihn ist das Gericht transparent für das Unsichtbare, das er bei seiner Rückkehr empfindet, für Vertrautheit und Liebe. Diese Mittagsstunde bei Tisch läßt erfahren, was die Begrüßungsworte gesagt hatten. Nun ist es Wirklichkeit, er ist zu Hause.

Eine Begebenheit, wie sie ähnlich vielerorts immer wieder geschieht, nicht besonders erzählenswert. Aber sie hat auf die Weise der Analogie etwas gemeinsam mit den Sakramenten unserer Kirche.
Manches besonders Wichtige im Leben können wir nicht anders sichtbar machen als dadurch, daß wir etwas tun, zeichenhaft handeln. Körperliche Wesen, die wir sind, tauschen wir die Geheimnisse des Herzens durch greifbare und sichtbare Zeichen aus. Nur so werden sie im Miteinander wirklich.

Natürlich kennen und nutzen wir auch andere Zeichen, Wegweiser, Verkehrszeichen, Signalfarben, Piktogramme und viele mehr. Aber solche Zeichen sind austauschbar. Sie beruhen auf Konventionen und haben mit der Sache, die sie bezeichnen, direkt nichts zu tun. Anders ist es mit den sogenannten performativen Zeichen. Sie haben einen Doppelcharakter. Sie bezeichnen etwas und sind zugleich Werkzeug, durch das es geschieht. Der Sohn wurde wirklich an Mutters Tisch satt. Er schmeckte ihre Liebe und war wieder zu Hause.

So sind auch die Sakramente Lebensvollzüge. Es wird gegessen und getrunken, es wird gewaschen und gesalbt. Die Sakramente schenken aber zugleich eine andere Reinheit, eine andere, unvergängliche Lebenskraft. Wie in der Familiengeschichte ist das Entscheidende die persönliche Begegnung im Tun. Sakramente sind Christusbegegnungen. Sie sind unterwegs ein Vorgeschmack auf zu Hause. Das Erfahren der Zeichenhandlung und die heilende Christusbegegnung sind untrennbar.

Sakramente der Eingliederung

Mindener Dom, Blick durch das geöffnete Portal auf den Taufbrunnen und den Altar im Hintergrund

Taufe

Sakrament der Taufe. Symbolfenster aus der Kapelle des Ursulinenklosters in Werl. Egbert Lammers, 1960.

Wie nämlich unser Heiland drei Tage und drei Nächte im Schoße der Erde verbrachte, so habt auch ihr im ersten Auftauchen den ersten Tag, den Christus in der Erde verbrachte, und im Untertauchen die Nacht nachgeahmt; wie nämlich der Mensch in der Nacht nicht mehr sieht und der Mensch am Tage im Lichte wandelt, so habt ihr bei der Untertauchung als in der Nacht nichts gesehen, beim Auftauchen aber wart ihr wie am Tage. Im selben Vorgang starbt ihr und seid geboren worden, und jenes heilsame Wasser wurde euch Grab und Mutterschoß zugleich.

Cyrill von Jerusalem, Reden der Einweihung II,4

(1)

(2)

(3)

(4)

Taufbrunnen: (1) Pfarrkirche St. Dionysius, Elsen, 12. Jahrhundert; (2) Pfarrkirche St. Johannes Baptist, Warburg, 1598; (3) Pfarrkirche St. Alexander, Schmallenberg, 1958; (4) Pfarrkirche St. Johannes Nepomuk, Hövelhof, 1979

Seit der Erneuerung der Osterliturgie in der katholischen Kirche sollen in der Osternacht nach Möglichkeit Kinder oder Erwachsene getauft werden. Auch wenn sich nicht immer Gelegenheit ergibt, erinnern die Segnung des Taufwassers, die Erneuerung des Taufversprechens und die Besprengung der Gemeinde mit dem gesegneten Wasser alle an ihre Taufe. Auf diese Weise soll die Tauffrömmigkeit stets lebendig erhalten und vertieft werden.
Nach der österlichen Zeit wird in vielen Gemeinden die Osterkerze neben das Taufbecken gestellt. Darin wird die Zusammengehörigkeit des Ostergeschehens mit der Taufe sichtbar gemacht. Das in der Taufe neu geschenkte Leben entspringt dem Tod und der Auferstehung des Herrn.
In manchen Familien wird die Taufkerze aufbewahrt und jeweils am Namenstag oder Geburtstag des Kindes angezündet. Dieser Brauch verdient als Tauferinnerung Förderung und Belebung. Auch die am Sterbebett angezündete Kerze vergegenwärtigt die Taufkerze, da in der Taufe des Christen die Hoffnung auf die Auferstehung begründet ist.
In manchen evangelischen Gemeinden wird ebenfalls seit einer Reihe von Jahren die Osternacht gefeiert und darin das „Taufgedächtnis“ vollzogen, wenn möglich mit der Taufe neuer Christen verbunden.

Degenhardt, Tenhumberg, Thimme, Kirchen auf gemeinsamem Wege, 1977, S. 155f.

Den Taufbund wir erneuern, Herr, Gott, mit Herz und Mund;
geloben und beteuern: er gilt zu aller Stund;
Herr, deine Offenbarung, dein Wort, das ewig währt,
ist unsrer Seele Nahrung, ist Licht, das uns verklärt.

Sursum corda 1948, Text 1847

Segne dieses Kind und hilf uns, ihm zu helfen,
daß es sehen lernt mit seinen eigenen Augen
das Gesicht seiner Mutter und die Farbe der Blumen
und den Schnee auf den Bergen und das Land der Verheißung.

Segne dieses Kind und hilf uns, ihm zu helfen,
daß es hören lernt mit seinen eigenen Ohren
auf den Klang seines Namens, auf die Wahrheit der Weisen,
auf die Sprache der Liebe und das Wort der Verheißung.

Segne dieses Kind und hilf uns, ihm zu helfen,
daß es greifen lernt mit seinen eigenen Händen
nach der Hand seiner Freunde, nach Maschinen und Plänen,
nach dem Brot und den Trauben und dem Land der Verheißung.

Segne dieses Kind und hilf uns, ihm zu helfen,
daß es reden lernt mit seinen eigenen Lippen
von den Freuden und Sorgen, von den Fragen der Menschen,
von den Wundern des Lebens und dem Wort der Verheißung.

Segne dieses Kind und hilf uns, ihm zu helfen,
daß es gehen lernt mit seinen eigenen Füßen
auf den Straßen der Erde, auf den mühsamen Treppen,
auf den Wegen des Friedens in das Land der Verheißung.

Segne dieses Kind und hilf uns, ihm zu helfen,
daß es lieben lernt mit seinem ganzen Herzen.

Gotteslob, Text: Lothar Zenetti, 1971

Ω
2001

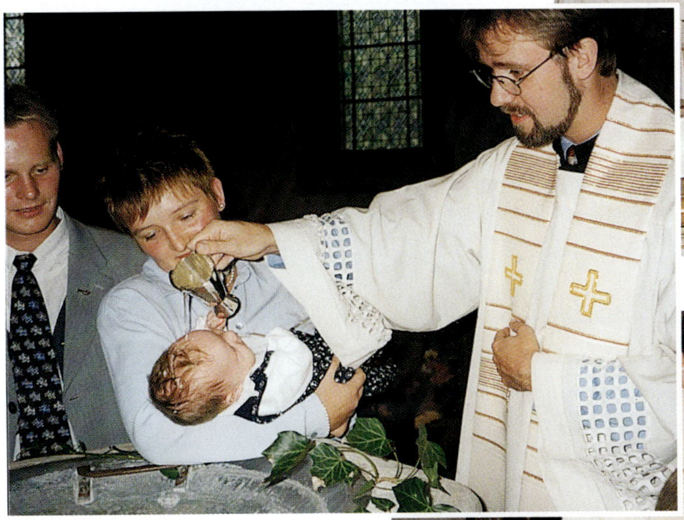

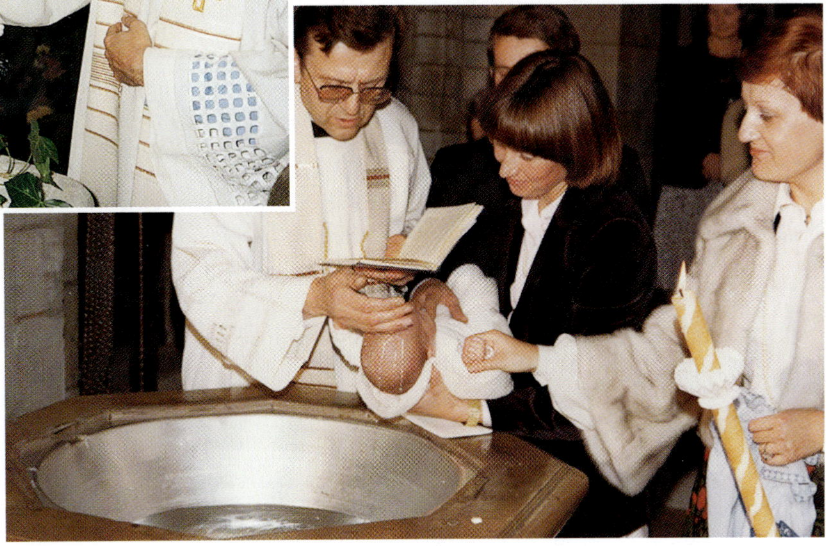

Firmung

Sakrament der Firmung. Symbolfenster aus der Kapelle des Ursulinenklosters in Werl. Egbert Lammers, 1960.

Denn alle Christgläubigen, wo immer sie leben, müssen durch das Beispiel ihres Lebens und durch das Zeugnis des Wortes den neuen Menschen, den sie durch die Taufe angezogen haben, und die Kraft des Heiligen Geistes, der sie durch die Firmung gestärkt hat, so offenbaren, daß die anderen Menschen ihre guten Werke sehen, den Vater preisen, und an ihnen den wahren Sinn des menschlichen Lebens und das alle umfassende Band der menschlichen Gemeinschaft vollkommener wahrnehmen können.

Ad gentes 11

Ich schenke euch ein neues Herz
und lege einen neuen Geist in euch.
Ich nehme das Herz von Stein aus eurer Brust
und gebe euch ein Herz von Fleisch.

Ez 36,26

Die Frucht des Geistes ist
Liebe, Freude, Friede, Langmut, Freundlichkeit,
Güte, Treue, Sanftmut, Selbstbeherrschung.

Gal 5,22f.

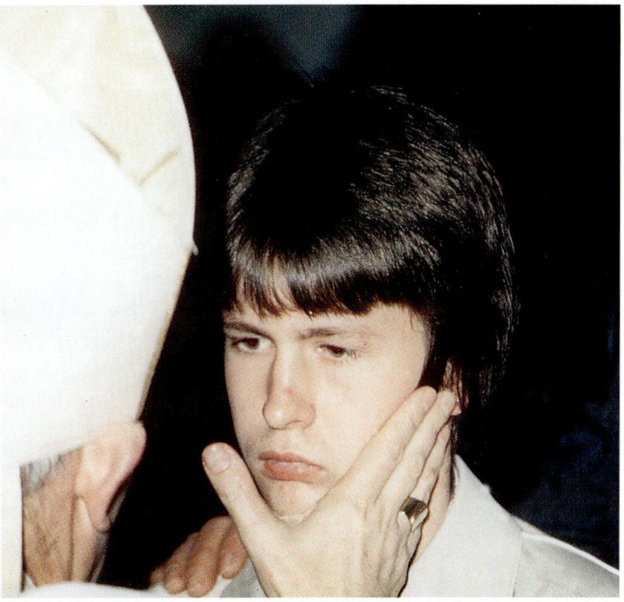

Eucharistie

Sakrament der Eucharistie. Symbolfenster aus der Kapelle des Ursulinenklosters in Werl. Egbert Lammers, 1960.

An dem Tage aber, den man Sonntag nennt, findet eine Versammlung aller statt, die in Stadt und Land weilen. Dabei werden die Denkwürdigkeiten der Apostel oder die Schriften der Propheten vorgelesen, solange es angeht. Wenn dann der Vorleser aufgehört hat, so hält der Vorsteher eine Ansprache, in der er ermahnt und auffordert, diesen guten Lehren nachzueifern. Darauf erheben wir uns alle und beten. Und wie schon oben erwähnt, wird dann nach dem Gebet Brot, Wein und Wasser hergebracht, der Vorsteher spricht Gebete und Danksagungen, soviel er vermag, und das Volk stimmt bei mit seinem „Amen". Und nun wird jedem von dem Geweihten mitgeteilt und den Abwesenden durch die Diakone gebracht.

Justin, Apologie 1

(1)

(2)

(3)

(4)

Altargestaltungen: (1) Barockaltar, Pfarrkirche St. Petri, Arnsberg-Oelinghausen, 1712; (2) Altar, Pfarrkirche Heilig Geist, Dortmund-Wellinghofen, 1986. Für die Fastenzeit hängt ein eigenes Hungertuch über dem Altar; (3) Tischaltar, Kirche Auferstehung Christi, Bielefeld Senne I (Togdrang-Buschkamp), 1972; (4) Ziboriumaltar, Pfarrkirche St. Georg, Paderborn, 1970.

Communio,
Gemeinde des Herrn;
Eucharistiefeier mit dem Erzbischof zu Libori im Dom

Ja, du bist heilig, großer Gott, du bist der Quell aller Heiligkeit. Darum kommen wir vor dein Angesicht und feiern in Gemeinschaft mit der ganzen Kirche den ersten Tag der Woche als den Tag, an dem Christus von den Toten erstanden ist. Durch ihn, den du zu deiner Rechten erhöht hast, bitten wir dich: Sende deinen Geist auf diese Gaben herab und heilige sie, damit sie uns werden Leib und Blut deines Sohnes, unseres Herrn Jesus Christus.

2. Hochgebet, Einschub zum Sonntag, Meßbuch

Eucharistiefeier
im Kloster der Clarissen
auf der Eremitage
bei Siegen

Es gibt verschiedene Gnadengaben, aber nur den einen Geist. Es gibt verschiedene Dienste, aber nur den einen Herrn. Es gibt verschiedene Kräfte, die wirken, aber nur den einen Gott: Er bewirkt alles in allen. Jedem aber wird die Offenbarung des Geistes geschenkt, damit sie anderen nützt. Dem einen wird vom Geist die Gabe geschenkt, Weisheit mitzuteilen, dem andern durch den gleichen Geist die Gabe, Erkenntnis zu vermitteln, dem dritten im gleichen Geist Glaubenskraft, einem andern – immer in dem einen Geist – die Gabe, Krankheiten zu heilen.

1 Kor 12,4-9

Mensch, was du liebst, in das wirst du verwandelt werden:
Gott wirst du, liebst du Gott – und Erde, liebst du Erden.
Mensch werde wesentlich! Denn wenn die Welt vergeht,
so fällt der Zufall weg, das Wesen, das besteht.
Ich glaube keinen Tod. Sterb' ich gleich alle Stunden,
so hab' ich jedesmal ein besser Leben funden.
Aus Liebe wird Gott ich, und ich aus Gnaden Er:
es kommt ja all mein Heil nur bloß von ihme her.
Wer auch im Nächsten nichts als Gott und Christum sieht,
der siehet mit dem Licht, das aus der Gottheit blüht.

Angelus Silesius († 1677), Cherubinischer Wandersmann

Pfarrkirche St. Peter und Paul, Hamersleben bei Halberstadt. Leidender Christus mit Kelch, in den sein Blut tropft. Darstellung aus der Barockzeit am Tabernakel.

Abschluß der Fronleichnamsprozession,
Propsteikirche St. Walburga in Werl

Christus kommt zu uns und will uns begegnen nicht nur in der rein-geistigen Weise des Wortes, sondern zudem in der leibhaftigen Weise des Sakraments. Die Eucharistie ist eine wirkliche Speise: ein Brot zum Essen, ein Wein zum Trinken. Denn außer den unsichtbaren Verheißungen soll der Mensch gleichsam etwas in der Hand haben: ein Unterpfand der künftigen Herrlichkeit, ein Zeichen, das man sehen und schmecken kann, um desto fester an die Verheißung selber glauben zu können. „Kostet und seht, wie gut der Herr ist! Glückselig, wer auf ihn vertraut" (Communio vom 8. So. n. Pf.).
Nun würden wir aber die heilige Speisung völlig falsch verstehen, sähen wir in ihr eine der Meßfeier angehängte Sonderfeier, die nur einen Teil der Gemeinde beträfe. (Vielleicht gar nur einige wenige, die „außer zur Messe auch noch zur Kommunion gehen"!) Die Austeilung und der Empfang der heiligen Speise gehört vielmehr zum Zentrum und Herzen der Eucharistiefeier selbst! Der Mittesatz des Hochgebets heißt ja: „Nehmet hin und esset alle davon: Das ist mein Leib" (und nicht etwa: Schaut hin und betet an: Das ist mein Leib). So ist also das Nehmen und Essen keineswegs etwas Zusätzliches, sondern gehört zur Meßfeier selbst, zur unmittelbaren Erfüllung des Auftrags: „Tut dies zu meinem Gedächtnis!"

Johannes Joachim Kardinal Degenhardt, Liturgie in der Gemeinde, Bd. 3, S. 125

Sakramente der Versöhnung und der Stärkung

Ein Mensch empfängt gläubig eines der Sakramente – was geschieht da eigentlich? Wir dürfen antworten: Er begegnet Jesus Christus, zwar verborgen unter dem Schleier des Geheimnisses, aber in einer fixierbar-leibhaftigen Weise. Im Sakrament der Buße, um es an einem Beispiel zu verdeutlichen, begegnet der Mensch dem gekreuzigt-auferstandenen Christus, ähnlich wie der Gelähmte, von dem das Evangelium berichtet, dem auf Erden lebenden Christus begegnete und von ihm das Wort hören durfte: „Kind, deine Sünden sind vergeben!" (Mk 2,5). Vergleichbares geschieht in den übrigen Sakramenten der Kirche. …

Eine reale Christusbegegnung gibt es selbstverständlich auch in Wort und Gebet, im rein-spiritualen Kontakt mit Christus, und unsere evangelischen Glaubensbrüder haben recht, wenn sie die Heilsnotwendigkeit dieser Begegnung so klar herausstellen. Die rein-spirituale Christusbegegnung ist jedenfalls das Erste und ist unersetzlich; nach dem Willen Christi aber soll sie ergänzt und vollendet werden durch die sakramentale Begegnung. In der kommenden Welt werden beide überflüssig sein, der Glaube sowohl wie der Empfang der Sakramente. Beide tragen den Charakter des Adventlich-Vorläufigen.

Wort Gottes und Gebet bleiben im Bereich des Unsichtbaren. Der Mensch aber ist ein Wesen aus Seele und Leib; erst in ihrer Leiblichkeit kommt menschliche Person zu sich selbst, und nur in der Leibhaftigkeit von Erscheinung und Antlitz kann der Mensch einem anderen ganz gegenwärtig sein, sich ihm öffnen, ihm begegnen.

Diese Konstitution des Menschen wird, wenn wir einmal so sagen dürfen, von Gott zu allen Zeiten ernstgenommen. „Gott hat eine menschliche Sprache gesprochen, schon in der Offenbarung des Alten Bundes.

Johannes Joachim Kardinal Degenhardt, Liturgie in der Gemeinde, Bd. 3, S. 120

Simon, Simon, der Satan hat verlangt, daß er euch wie Weizen sieben darf.

Ich aber habe für dich gebetet, daß dein Glaube nicht erlischt. Und wenn du dich wieder bekehrt hast, dann stärke deine Brüder.

Lk 22,31f.

Petrus bereut seinen Verrat an Jesus.
Johann Georg Rudolphi, 1693.

Buße

Sakrament der Buße.
Symbolfenster aus der Kapelle des Ursulinenklosters in Werl.
Egbert Lammers, 1960.

Die Diener der Gnade Gottes haben durch den Heiligen Geist über die Buße geredet, ja, auch er selbst, der Gebieter über alle, hat über die Buße gesprochen unter einem Eidschwur: „So wahr ich lebe, spricht der Herr, ich will nicht den Tod des Sünders, sondern daß er Buße tue"; und er fügt den guten Rat hinzu: „Haus Israel, bekehre dich von deiner Gottlosigkeit." Sprich zu den Kindern meines Volkes: Wenn eure Sünden reichen von der Erde bis zum Himmel und wenn sie rot sind wie Scharlach und schwarz wie ein Bußsack und ihr euch aus ganzem Herzen zu mir bekehrt und sprecht: „Vater", dann werde ich euch erhören wie ein heiliges Volk.

Erster Klemensbrief, Kap. 8

(1)

(2)

(3)

(1) Beichtstuhl, Klosterkirche Corvey; (2) Beichtstuhltüren in der Pfarrkirche St. Alexander, Schmallenberg; (3) Raum für Beichtgespräche, Paderborn

Das Bußsakrament hat es nicht so sehr mit der Erkenntnis der Sünde als vielmehr mit der Erfahrung der Vergebung zu tun. Das hat ein allzusehr an den fünf Stücken ausgerichteter Sakramentenunterricht in der Vergangenheit nicht genügend beachtet. Freilich ist gerade im Bußsakrament das, was der Empfänger tut, von besonderer Wichtigkeit. Es ist aber ein wesentlicher Unterschied, ob jemand auf eine möglichst vollständige Gewissenserforschung zuhanden des Bekenntnisses und auf die Übernahme einer angemessenen Buße im Sinne der Sühne (mit dem Beigeschmack der Strafe) ausgerichtet ist, oder ob jemand sich bereitet für die beglückende Erfahrung der Vergebung und für das eigene Mitgehen innerhalb der Gemeinde in der durch Jesus Christus initiierten Befreiung und Heilung der Welt.

Dechantenkonferenz Paderborn, 29. 2. 1972

Das Bußsakrament bewirkt im Zeichen die Versöhnung für getaufte Sünder, eine Versöhnung, die Jesus Christus uns erwirkt hat. Wir sagen, wenn wir das Bußsakrament empfangen, zunächst gläubig ja zu diesem Heilswerk Jesu Christi, der durch seinen Tod am Kreuz das Gericht über unsere Sünden auf sich genommen hat. Wir bekennen, und zwar bevor wir unsere eigene Sünde bekennen, daß wir uns dem Gericht Gottes unterstellen wollen, das im Tode Jesu Christi auch für meine Sünden, für unsere Sünden vollzogen worden ist. Wir bekennen uns als Sünder und nehmen das Gericht Gottes auf uns. Gott aber möchte uns, obwohl wir uns unserer Sünden anklagen, nicht verurteilen, sondern er spricht uns frei.

Johannes Joachim Kardinal Degenhardt, Worte zur Zeit, Heft 19, S. 34

Krankensalbung

Sakrament der Krankensalbung. Symbolfenster aus der Kapelle des Ursulinenklosters in Werl. Egbert Lammers, 1960.

Wir bitten Dich, den Aufseher und Herrn des Leibes und den Schöpfer der Seele, der den Menschen zu einer Einheit geschaffen, den Ordner und Lenker und Erlöser des ganzen Menschengeschlechtes, der versöhnt und besänftigt nach seiner eigenen Liebe zu den Menschen, sei gnädig, Herr: hilf allen Kranken und heile sie, befiehl den Krankheiten, richte auf die Darniederliegenden; gib die Ehre Deinem heiligen Namen durch Deinen Einziggezeugten, Jesus Christus, durch den Dir die Ehre ist und die Macht im Heiligen Geiste, jetzt und in alle Ewigkeiten der Ewigkeiten. Amen.

Aus dem Euchologion des Serapion von Thmuis, Gebet für die Kranken

(1)

(2)

(3)

(1) Ölgefäß aus dem Diözesan-Museum Paderborn, Ende 16. Jahrhundert;
(2) Versehpyxis;
(3) Ölgefäß (Bernd Cassau, Paderborn)

Gott, du bist der Vater allen Trostes.
Durch deinen Sohn wolltest du die Gebrechen der Kanken heilen;
erhöre das Gebet, das der Glaube uns eingibt,
und sende deinen Heiligen Geist auf dieses Salböl herab.
Als Gabe deiner Schöpfung stärkt und belebt es den Leib.
Durch deinen Segen + werde es für alle, die damit gesalbt werden,
ein geweihtes Öl, ein heiliges Zeichen deines Erbarmens,
das Krankheit, Schmerz und Kummer vertreibt,
ein Schutz für Leib, Seele und Geist.
Im Namen unseres Herrn Jesus Christus,
der mit dir lebt und herrscht in alle Ewigkeit.
Amen.

Die Feier der Krankensakramente, S. 56

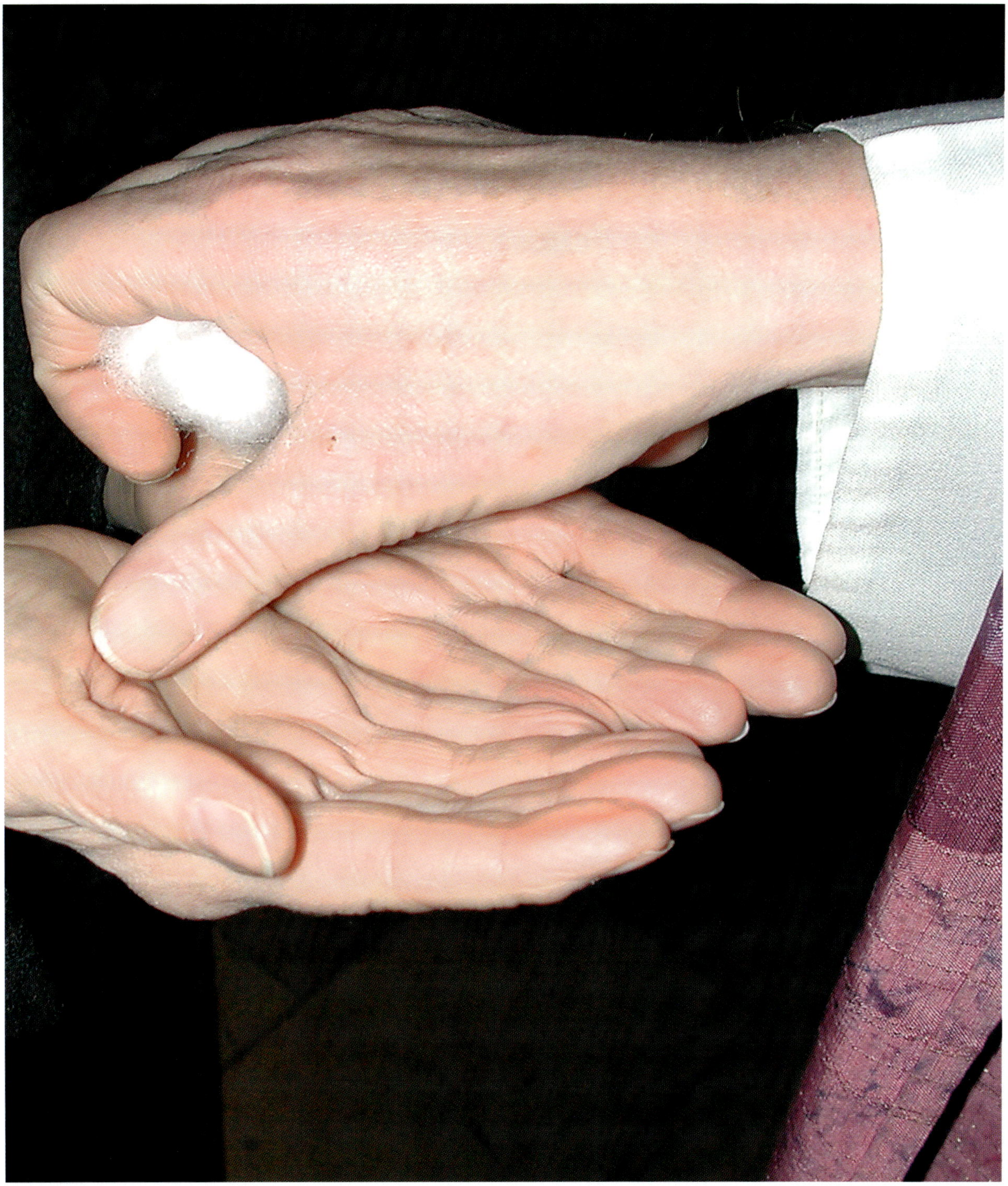

Durch diese heilige Salbung helfe dir der Herr in seinem reichen Erbarmen,
er stehe dir bei mit der Kraft des Heiligen Geistes.
Der Herr, der dich von Sünden befreit, rette dich,
in seiner Gnade richte er dich auf.

Sakramente des Dienstes für die Gemeinschaft

Wir unterscheiden dann weiterhin – weil das ja auch zweifellos entscheidende existentielle Momente im menschlichen Leben sind – die zwei Sakramente der Standesgebung. Nicht als ob diese Sakramente von ihrem eigenen Wesen her verschiedene Stände begründen müßten, so daß sie grundsätzlich nicht demselben Menschen gegeben werden könnten; aber dort, wo der Mensch eine letzte und ursprüngliche, alles andere tragende Funktion in der menschlichen bzw. in der christlichen Gemeinschaft annimmt, geschieht zweifellos existentiell und darum auch individuell-heilsgeschichtlich etwas ganz Entscheidendes. Die sakramentale Sichtbarkeit dafür, daß Gott den Menschen bei der Übernahme einer entscheidenden Funktion in seiner individuellen Geschichte auch bezüglich seiner Heilsgeschichte entscheidend anruft, sind eben die Sakramente des Ordo und der Ehe.

Karl Rahner, Grundkurs des Glaubens, S. 402

Medaillon aus der Byzanzausstellung 2002 in Paderborn: Christus segnet ein Brautpaar. Er umfaßt die Schultern der Brautleute. Die griechische Umschrift lautet in Übersetzung: Meinen Frieden gebe ich euch. Östlicher Mittelmeerraum um 600.

Weihe

Sakrament der Weihe.
Symbolfenster aus der Kapelle des Ursulinenklosters in Werl:
Eine alte Darstellungsweise ist aufgegriffen:
Der Baum mit zwölf Früchten weist hin auf Christus und die Apostel.
Egbert Lammers, 1960.

Die Weihe ist das Sakrament, durch welches die Sendung, die Christus seinen Aposteln anvertraut hat, in der Kirche weiterhin ausgeübt wird bis zum Ende der Zeit. Sie ist somit das Sakrament des apostolischen Dienstes. Sie umfaßt drei Stufen: den Episkopat, den Presbyterat und den Diakonat.

Katechismus der Katholischen Kirche, S. 415 (Nr. 1536)

Bischof Theodor von Fürstenberg (1585-1618) hat 1602 eine Agende für Gottesdienst und Seelsorge im Bistum Paderborn herausgegeben, die für die Reform nach dem Konzil von Trient (1545-1563) von großer Bedeutung wurde. Sie stellt ihren pastoralen Anweisungen ein Bild des guten Hirten voraus: Zu Füßen des Kreuzes kniet ein Pastor, den Rosenkranz um die Hände gewunden. Gemeint ist ein Pastor des Stiftes Paderborn, dessen bischöfliche Residenz im Hintergrund sichtbar ist. Vom Kreuz herab spricht Christus: „Wehe den Hirten, die sich selbst weiden." Der Pastor beteuert: „Ich will meine Schafe weiden." Ein zweites Wehe des Herrn folgt: „Wehe den Hirten, die die Herde meiner Weide zerstreuen." Der Pastor verspricht: „Ich werde die zerstreuten Schafe meiner Herde sammeln." Nun gibt Christus dem Pastor die Zusage: „Du bist mein Hirt und meinen Willen wirst du ganz erfüllen." Der Pastor versichert: „Ich bin der gute Hirt, ich werde meine Herde bewahren und sie nicht rauben lassen." Der Gekreuzigte schließt das Zwiegespräch: „Der gute Hirt gibt sein Leben für seine Schafe." (Nach: Paul Aufderbeck, Weltpriesterliche Spiritualität nach Paderborner Quellen, in: Paderbornensis Ecclesia 345)

Der Pfarrer muß zu einem persönlichen Glaubenden geworden sein, in dem der eine Glaube der Kirche als Ausdruck dieses Priesters neu Ereignis wird. Sein Wort darf nicht den unpersönlichen Stil vom Kommissionspapier haben. Er soll nicht wie ein Computer tönen, sondern es muß das Wort dieses Menschen sein und zugleich das Wort der Kirche. Nur wenn dies geschieht, kann der Priester durch seinen Dienst das absurde Wort von der Amtskirche widerlegen; denn der Priester gehört zu keiner anderen Kirche als die Gläubigen, mit denen er glaubt und denen er dient. Aber es muß deutlich werden, daß aus ihm kein Amt spricht, sondern daß er als Person redet, als Mensch, der glaubt.

Johannes Joachim Kardinal Degenhardt, Mit Jesus sein, S. 17 (Priestertag 1993)

(1) Bischofsweihe von Johannes Joachim Degenhardt durch Erzbischof Lorenz Jaeger am 1. 5. 1968; (2) Priesterweihe in Paderborn; (3) Priesterweihe in der Franziskanerkirche in Werl; (4) Diakonatsweihe in Paderborn

(3)

(1)

(4)

(2)

Ehe

Sakrament der Ehe.
Symbolfenster aus der Kapelle des Ursulinenklosters in Werl.
Egbert Lammers, 1960.

Die christlichen Eheleute sind füreinander, für ihre Kinder und die übrigen Familienangehörigen Mitarbeiter der Gnade und Zeugen des Glaubens. Ihren Kindern sind sie die ersten Künder und Erzieher des Glaubens.

Apostolicam actuositatem 11

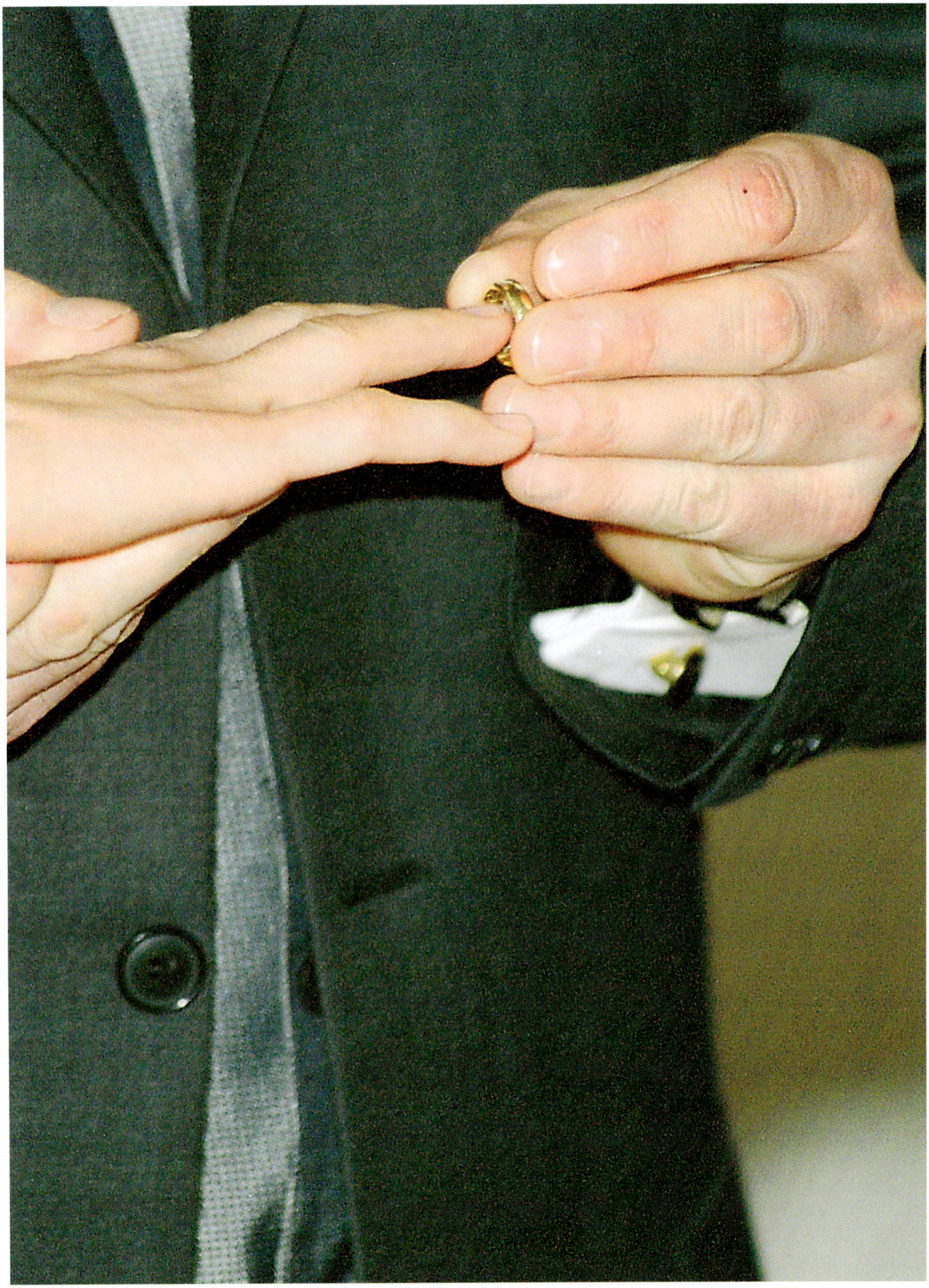

Gott, du hast durch deine machtvolle Kraft das All aus dem Nichts erschaffen; nachdem du des Weltalls Urgründe planvoll gelegt, hast du den Mann nach Gottes Bild geschaffen und ihm im Weibe eine unzertrennliche Gehilfin bestimmt. Dem Körper des Weibes gabst du im Fleische des Mannes seinen Ursprung; dadurch wolltest du lehren, daß was du aus einem zu bilden für gut fandest, nimmermehr getrennt werden darf. Gott, du hast das eheliche Band durch ein so erhabenes Geheimnis geheiligt, daß du im Ehebund ein Vorbild schufst für die heilige Beziehung Christi zur Kirche. Gott, durch dich wird das Weib mit dem Manne verbunden und diese von Anfang an festgelegte Gemeinschaft mit einem Segen beschenkt, der allein weder durch den Fluch der Erbsünde noch durch das Strafurteil der Sintflut aufgehoben wurde. So schau denn voll Huld herab auf diese deine Dienerin; sie will sich binden durch die eheliche Gemeinschaft und bittet, daß du sie mit deinem Schutze schirmest. Möge auf ihr ruhen das Joch der Liebe und des Friedens; treu und keusch vermähle sie sich in Christus, beharrlich ahme sie die heiligen Frauen nach: sie sei liebwert ihrem Manne wie Rachel, weise wie Rebekka, sie möge lange leben und treu sein wie Sara; keine ihrer Taten beanspruche der Urheber der Sünde für sich; sie halte fest am Glauben und verharre in den Geboten; einem Gatten vermählt, fliehe sie unerlaubten Umgang. Sie schirme ihre Schwachheit durch die Kraft zuchtvollen Lebens; sie sei würdevoll durch Sittsamkeit, ehrwürdig durch Schamhaftigkeit, wohlunterrichtet in himmlischen Lehren; sie sei gesegnet mit Kindern, sie sei erprobt und makellos und möge gelangen zur Ruhe der Seligen und zum himmlischen Reiche. Beide mögen ihre Kindeskinder schauen bis ins dritte und vierte Geschlecht und nach ihrem Wunsch ein hohes Alter erreichen.

Segensgebet der Brautmesse nach dem alten Missale, Übersetzung aus A. Schott, Meßbuch.

Wir preisen dich, Gott, unser Schöpfer, denn im Anfang hast du alles ins Dasein gerufen. Den Menschen hast du erschaffen als Mann und Frau und ihre Gemeinschaft gesegnet. Einander sollen sie Partner sein und ihren Kindern Vater und Mutter. Wir preisen dich, Gott, unser Herr, denn du hast dir ein Volk erwählt und bist ihm in Treue verbunden; du hast die Ehe zum Abbild deines Bundes erhoben.

Dein Volk hat die Treue gebrochen, doch du hast es nicht verstoßen. Den Bund hast du in Jesus Christus erneuert und in seiner Hingabe am Kreuz für immer besiegelt. Die Gemeinschaft von Mann und Frau hast du zu einer neuen Würde erhoben und die Ehe als Bund der Liebe und als Quelle des Lebens vollendet. Wo Mann und Frau in Liebe zueinander stehen und füreinander sorgen, einander ertragen und verzeihen, wird deine Treue zu uns sichtbar.

So bitten wir dich, menschenfreundlicher Gott, schau gütig auf N. und N., die vor dir stehen und deinen Segen erhoffen. Dein Heiliger Geist schenke ihnen Einheit und heilige den Bund ihres Lebens. Er bewahre ihre Liebe in aller Bedrohung; er lasse sie wachsen und reifen und einander fördern in allem Guten. Hilf ihnen, eine christliche Ehe zu führen und Verantwortung in der Welt zu übernehmen; verleihe ihnen Offenheit für andere Menschen und die Bereitschaft, fremde Not zu lindern. Schenke ihnen das Glück, Vater und Mutter zu werden, und hilf ihnen, ihre Kinder christlich zu erziehen. Gewähre ihnen Gesundheit und Lebensfreude bis ins hohe Alter, schenke ihnen Kraft und Zuversicht in Not und in Krankheit. Am Ende ihres Lebens führe sie in die Gemeinschaft der Heiligen, zu dem Fest ohne Ende, das du denen bereitest, die dich lieben.

Ehesegen, Die Feier der Trauung, 1992.

Geheimnis des Glaubens

Glaube aber ist: Feststehen in dem,
was man erhofft,
Überzeugtsein von Dingen,
die man nicht sieht.

Hebr 11,1

Keiner, der die Hand
an den Pflug gelegt hat
und nochmals zurückblickt,
taugt für das Reich Gottes.

Lk 9,62

Der Verräter hatte mit ihnen ein Zeichen verabredet und gesagt: Der, den ich küssen werde, der ist es; nehmt ihn fest. Sogleich ging er auf Jesus zu und sagte: Sei gegrüßt, Rabbi! Und er küßte ihn. Jesus erwiderte ihm: Freund, dazu bist du gekommen?

Mt 26,48-50

Judaskuß. Heinrich Strohmeier, 1957.

Apokalypse. Leidende strecken ihre Hände aus nach der apokalyptischen Frau. Zeichen der Hoffnung. Heinrich Strohmeier, 1958.

So geht denn diese Kirche,
zugleich sichtbare Versammlung und geistliche Gemeinschaft,
den Weg mit der ganzen Menschheit gemeinsam
und erfährt das gleiche irdische Geschick mit der Welt
und ist gewissermaßen der Sauerteig und die Seele
der in Christus zu erneuernden
und in die Familie Gottes umzugestaltenden
menschlichen Gesellschaft.

Gaudium et spes 40

Gott und Vater unseres Herrn Jesus Christus,
im Neuen Bund berufst du
aus allen Völkern dein Volk
und führst es zusammen im Heiligen Geist.
Gib, daß deine Kirche ihrer Sendung treu bleibt,
daß sie ein Sauerteig ist für die Menschheit,
die du in Christus erneuern
und zu deiner Familie umgestalten willst.
Darum bitten wir durch ihn,
der in der Einheit des Heiligen Geistes
mit dir lebt und regiert in alle Ewigkeit.
Amen.

Missale, Tagesgebet zum Pfingstmontag, Meßbuch

Quellen und Literatur

Dokumente des Zweiten Vatikanischen Konzils:

Ad gentes (AG). Dekret über die Missionstätigkeit der Kirche

Apostolicam actuositatem (AA). Dekret über das Laienapostolat

Gaudium et spes (GS). Pastorale Konstitution über die Kirche in der Welt von heute

Lumen gentium (LG). Dogmatische Konstitution über die Kirche

Liturgische Bücher:

Meßbuch. Die Feier der heiligen Messe, hg. von den Bischöfen Deutschlands, Österreichs und der Schweiz sowie der Bischöfe von Luxemburg, Bozen-Brixen und Lüttich, 1975.

Schott, Anselm: Das Meßbuch der heiligen Kirche, 49. Aufl. 1946.

Gotteslob. Katholisches Gebet- und Gesangbuch, hg. von den Bischöfen Deutschlands, Österreichs und der Bistümer Bozen-Brixen und Lüttich, 1975.

Sursum corda. Gesang- und Gebetbuch für das Erzbistum Paderborn, Paderborn 1948.

Die Feier der Krankensakramente, hg. im Auftrag der Bischofskonferenzen Deutschlands, Österreichs und der Schweiz und der Bischöfe von Bozen-Brixen und von Luxemburg, 1974.

Die Feier der Trauung, hg. im Auftrag der Bischofskonferenzen Deutschlands, Österreichs und der Schweiz sowie der (Erz-)Bischöfe von Bozen-Brixen, Lüttich, von Luxemburg und Straßburg, 2. Aufl. 1992.

Singt dem Herrn. Schwerter Liederbuch, hg. von Elsbeth Bihler/Walburga Schnock/Hans-Heinz Riepe, 1990.

Wie im Himmel so auf Erden. Lieder und Gebete. 90. Deutscher Katholikentag 1990, hg. vom Bischöflichen Ordinariat Berlin, 1990.

Theologische Literatur:

Bacht, Heinrich SJ: Zeiten des Herrn I, Lesejahr A, Frankfurt 1971.

Bormann, Paul/Degenhardt, Hans-Joachim: Liturgie in der Gemeinde I–III, Paderborn 1964-1966.

Cyrill von Jerusalem: Reden der Einweihung. Zeugen des Wortes, Bd. 12, Freiburg 1939.

Degenhardt, Johannes Joachim: Bericht über die Dechantenkonferenz zu Paderborn am 29. Februar 1972 im Leokonvikt, Paderborn 1972.

Degenhardt, Johannes Joachim/Tenhumberg, Heinrich/Thimme, Hans: Kirchen auf gemeinsamem Wege, Kevelaer 1977.

Degenhardt, Johannes Joachim: Die Laien in Kirche und Welt, Worte zur Zeit, Heft 15, Paderborn 1985.

Degenhardt, Johannes Joachim: Sündenvergebung im Bußsakrament, Worte zur Zeit, Heft 19, Paderborn 1989.

Degenhardt, Johannes Joachim: Mit Jesus sein – von ihm gesandt, Paderborn 1993.

Degenhardt, Johannes Joachim: Wir sind Sein Volk. Bausteine für pastorale Perspektiven, Paderborn 1997.

Delp, Alfred: Im Angesicht des Todes, Freiburg 1958.

Die deutschen Bischöfe: Leitlinien für den Bau und die Ausgestaltung von gottesdienstlichen Räumen, hg. vom Sekretariat der Deutschen Bischofskonferenz, 6. Aufl., Bonn 2002.

Katechismus der Katholischen Kirche, München 1993.

Le Fort, Gertrud von: Hymnen an die Kirche, 7. Aufl. München 1946.

Rahner, Karl: Grundkurs des Glaubens, Freiburg/Basel/Wien 8. Aufl. 1977.

Scheele, Paul-Werner (Hg.): Paderbornensis ecclesia, Paderborn 1972.

Winterswyl, Ludwig: Gebete der Urkirche, Zeugen des Wortes, Bd. 22, Freiburg 1940.